AF861592

2009

MILANO

OGGETTI SONORI

LA DIMENSIONE INVISIBILE DEL DESIGN

La Triennale di Milano Design Museum

MINI&Triennale CreativeSet

Mini & Triennale CreativeSet è un progetto diretto da Silvana Annicchiarico

La Triennale di Milano
Design Museum

2009
MILANO

OGGETTI SONORI

LA DIMENSIONE INVISIBILE DEL DESIGN

Un progetto di

Marco Ferreri e Patrizia Scarzella

Electa

MINI&Triennale
CreativeSet

Oggetti Sonori
La dimensione invisibile del design
Sound Objects
The Invisible Dimension of Design

Coordinamento generale
General Coordination
Silvana Annicchiarico

con la collaborazione di
with the collaboration of
Roberto Giusti
Carla Morogallo

Progetto di
Project by
Marco Ferreri e Patrizia Scarzella

Allestimento e grafica
Set-up and graphic design
Marco Ferreri

Catalogo a cura di
Catalogue by
Patrizia Scarzella

Hanno collaborato
In collaboration with

Ideazione
Concept
Paolo Gnocchi
Per l'allestimento e la grafica
Set-up and graphic design
Benedetta Medici
Tommaso Benedetto
Daniela Maurer
Guida sonora
Sound guide
Lorenzo Palmeri
Ricerca web
Web research
Antonio Caruso

Un ringraziamento speciale a
A special thanks to
Maria Augusta Fioruzzi
e allo Studio De Simone&Partners

Video e suono
Video and sound
StoryVille

Realizzazione allestimento
Set-up works
Arosio allestimenti s.r.l.

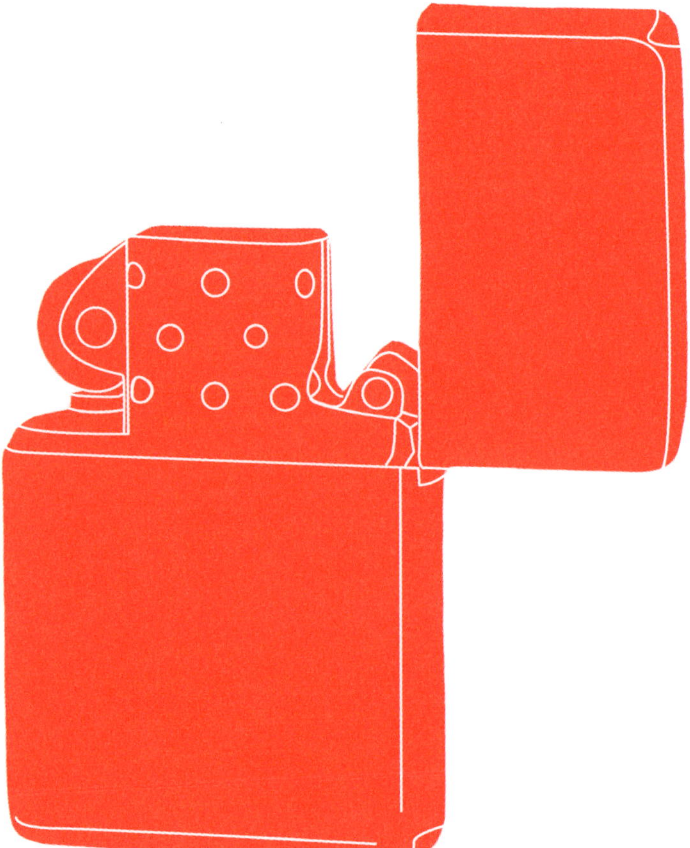

Sommario

OGGETTI SONORI
LA DIMENSIONE INVISIBILE DEL DESIGN

Silvana Annicchiarico
Direttore Triennale Design Museum

Una mostra che non mostra

Per inaugurare il nuovo spazio CreativeSet all'interno del Triennale Design Museum abbiamo scelto, volutamente, una mostra che non mostra. Una mostra, cioè, che nega - o dissimula - il proprio stesso statuto espositivo. E che ridisegna la logistica della percezione, sottraendo alla vista la pretesa di essere l'organo di senso privilegiato nei nostri processi di conoscenza del mondo e di riconoscimento degli oggetti che lo abitano.

In "Oggetti Sonori" non si guarda, si ascolta. O si guarda ascoltando.

È l'ascolto che identifica gli oggetti e che ci mette in relazione con essi. Gli oggetti, di fatto, non ci sono. Meglio: ci sono con i tratti pertinenti della loro identità sonora. Per consentire agli oggetti di essere prima di tutto ascoltati, i curatori Marco Ferreri e Patrizia Scarzella hanno scelto per prima cosa di renderli invisibili. Hanno voluto impedire cioè che la nostra percezione si articolasse per inerzia, o per abitudine, sul primato consolidato della vista.

L'atto dell'ascolto, del resto, implica sempre - anche nella vita quotidiana - una certa relazione con l'invisibilità. Si pensi anche solo ai grandi professionisti dell'ascolto: la spia, il prete dietro la grata del confessionale, l'operatrice di Telefono amico, l'analista nel suo setting. Tutti, mentre ascoltano, sono invisibili. Sperimentano una prossemica che li colloca al di fuori della portata d'occhio di chi viene ascoltato. Nella mostra "Oggetti Sonori" il paradigma è rovesciato ma complementare: chi ascolta - il visitatore - è ovviamente visibile, mentre a essere relegati nel non visibile sono gli oggetti che, ridotti a ombre, si esprimono attraverso i loro suoni identificativi.

Ma non è tutto. La mostra-non mostra, curata da Marco Ferreri e Patrizia Scarzella, mette in atto un altro rovesciamento: lega anche l'oggetto ascoltato a quella fissità del punto di ricezione che dovrebbe essere, invece, specifica dell'oggetto visto. Contrariamente al punto di vista, infatti, il punto d'ascolto - in generale - non sembrerebbe iscritto in maniera stabile e strutturale nel dispositivo stesso della rappresentazione. Per percepire un suono o un rumore, di norma, non è necessario essere rivolti verso la fonte acustica da cui il suono proviene. In "Oggetti Sonori", invece, sì. I suoni non galleggiano liberamente nell'etere, escono da piccoli cornetti acustici che invitano, con la loro stessa forma, ad avvicinare l'orecchio per sentire. È da lì che il suono vibra, si espande, fa eco, risuona. In apparenza volatile e inafferrabile, in realtà capace di essere più duro e più forte della pietra. Come ci racconta la Bibbia, le mura di Gerico furono abbattute da un suono. O da un rumore. "Oggetti Sonori" vuole evocare, appunto, la forza dei suoni. E la loro capacità di abbattere, se anche noi lo vogliamo, i muri e le incrostazioni che limitano e comprimono i nostri abituali processi di percezione e di rappresentazione del mondo.

Il concept della mostra Oggetti Sonori, la dimensione invisibile del design

di Marco Ferreri e Patrizia Scarzella

Dal dizionario ....

Suono
indica la sensazione percepita dall'organo dell'udito e dovuta alle vibrazioni di un corpo trasmesse attraverso l'aria

Rumore
indica qualsiasi fenomeno acustico, generalmente irregolare, casuale e non musicale, specialmente se sgradevole, fastidioso, molesto, nocivo

Melodia
è una successione di suoni di valore variabile che costituisce un pensiero musicale organico

Musica
è l'arte di combinare insieme i suoni secondo regole definite, diverse a seconda dei luoghi e delle epoche.

Una mostra preludio

Soggetto della mostra è il suono che producono gli oggetti del quotidiano. Questa idea nasce e prende corpo riscontrando un nostro interesse comune sul suono legato agli oggetti che, nel tempo, abbiamo approfondito individualmente con approcci e modalità diverse. La mostra analizza un elemento dell'oggetto, il rumore, che sino a ieri si tendeva a eliminare mentre oggi, dopo essere stato identificativo del prodotto, ha compiuto la sua trasformazione ed è diventato prima suono e poi sempre più identità di mondi di oggetti. Abbiamo chiamato questa analisi "dimensione invisibile del design" perché il suono dell'oggetto sempre più fa parte del percorso del progetto. Oggi è abbastanza normale che con gli oggetti si progettino suoni, quasi sempre di attenzione, a volte identificativi del prodotto (la marca). Spesso questi suoni riproducono in digitale suoni della memoria (analogici) e si rifanno a mondi che non ci sono più (vedi il "clic" della macchina fotografica) Pensiamo che, allontanandosi il ricordo di suoni di riferimento, il suono degli oggetti acquisterà centralità in molti settori produttivi e avrà sempre più bisogno di progetto e di invenzione.

È una frontiera che si è appena cominciato ad esplorare e che è soggetto di studio in tutto il mondo.

Il futuro del design degli oggetti sarà sempre più immateriale e, in uno scenario di prodotti formalmente leggeri, sottili, pensati per consumare poca energia e realizzati con la minore quantità di materiale possibile, il suono diventerà elemento d'identità sempre più importante.

Siamo solo all'inizio di un percorso di pensiero basato sull'idea che molti oggetti possano sparire, fino a diventare piccole tracce di Pollicino, ed essere integrati o sostituiti dal suono.

Questa ipotesi apre al progetto straordinarie avventure!

Vorremmo che questa piccola mostra, come un sasso gettato nell'acqua, moltiplicasse il suo effetto, per ritornare tra qualche anno più vasta e più ricca con la partecipazione di un pubblico che, contribuendo a questa idea, la faccia diventare una grande mappatura dei diversi approcci e visioni di progetto del suono.

È l'inizio di una storia che vorremmo si sviluppasse nel tempo, preludio di una ricerca internazionale vasta e diffusa da costruire attraverso il sito web con il contributo di tutti coloro che, in modo diverso, stanno lavorando intorno al tema del suono degli oggetti: una mostra-preludio aperta ai contributi esterni, l'inizio di un work in progress, materia fluida in continuo divenire.

Rumori e suoni degli oggetti d'uso

Per questa mostra abbiamo definito un campo di azione e ne abbiamo dato un´ interpretazione personale, secondo la visione simile di intendere il progetto degli oggetti e le loro potenzialità sonore.
Nel vasto ambito dell'universo acustico della vita di tutti i giorni, abbiamo scelto una serie di suoni prodotti dagli oggetti d'uso e li abbiamo suddivisi in due grandi categorie:
il suono di processo, il suono che produce l'oggetto per funzionare, che spesso chiamiamo rumore e il suono progettato, ovvero quando il rumore diventa suono.
È il vasto e complesso campo di progetto degli oggetti dove si progetta il suono e che, come architetti e designer, è il territorio che più ci affascina e ci appartiene.
Il suono può essere oggi, infatti, un *key point* del progetto di molti oggetti, fino a diventarne l'elemento identificativo, fino a coincidere con esso.
Declinato con diverse accezioni sia come aspetto performativo in oggetti multiperformance e polisensoriali o, all'opposto, come aspetto ludico e sorprendente, il suono rappresenta nella nostra visione progettuale uno degli aspetti più nuovi e promettenti, una frontiera ancora inesplorata del design, un'apertura a nuovi mondi.
Abbiamo escluso da queste grandi famiglie di suoni, gli strumenti musicali, oggetti fatti per produrre suoni e dialogare tra loro, e quelli prodotti dall'interazione di più oggetti e materiali, che producono nel panorama domestico suoni familiari composti e complessi. In questo universo sonoro quotidiano molti suoni diffusi sono, in realtà, proprio di questa natura. La cucina e le azioni che vi si compiono sono, ad

esempio, un campionario sonoro di questo genere: il suono dell'acqua che bolle in pentola, il coltello che affetta il pane sul tagliere, la frusta che sbatte l'uovo nella ciotola di ceramica, l'olio che frigge in padella e tutte le mille azioni possibili che la gestualità del preparare il cibo comporta. Queste considerazioni aprono un campo di esplorazione complesso che riguarda l'ambiente e che, volutamente, abbiamo deciso di non prendere in esame, circoscrivendo il nostro tema al suono degli oggetti singoli.

IL SUONO DI PROCESSO

Il suono che produce l'oggetto per funzionare e che spesso chiamiamo rumore

È un suono intrinseco alla natura dell'oggetto, che possiamo dire parte integrante della meccanica costruttiva del prodotto, legato alle sue caratteristiche formali e funzionali, al materiale di cui è costituito, alle modalità d'uso per cui è stato pensato e realizzato.

Il suono di processo è una memoria potente, figlio di tecnologie industriali oggi spesso superate, la meccanica in primo luogo. Con l'avvento dell'elettronica molti suoni di processo, legati alla meccanica costruttiva degli oggetti sono, infatti, scomparsi. Ad esempio, il "tic-tac" dell'orologio, generato dal funzionamento dei suoi ingranaggi, non c'è più con la tecnologia digitale.

Tuttavia il segnale sonoro di memoria è, spesso, più forte del segnale visivo e allora viene riprodotto, finto, anche in alcuni oggetti digitali che rimandano a un mondo analogico e meccanico molto consolidato nella memoria collettiva, almeno delle generazioni pre era digitale.

Si è aperto, dunque, uno scenario nuovo. L'industria, in molti settori produttivi, per molti anni ha concentrato la sua attenzione e la sua ricerca nella direzione dell'azzeramento dei rumori dei prodotti: il settore dell'auto e dell'arredamento, ad esempio, sono stati accomunati dal progetto comune di eliminare il rumore di chiusura della portiera dell'automobile e delle ante dei mobili.

Negli ultimi dieci anni, dalla ricerca per eliminare i rumori l'industria si è concentrata sul progetto di trasformarli in suoni gradevoli. Per rimanere nell'esempio della portiera dell'auto, il rumore è diventato un suono soft, il cui progetto è, stato sviluppato fino a diventare identificativo della specifica marca automobilistica.

L'esplorazione di questa strada di progetto è ancora nella sua fase iniziale e le prospettive di sviluppo sembrano avere una forte potenzialità: superato il concetto di occultare il suono dei materiali, la ricerca di modi nuovi per trasformare i rumori in suoni gradevoli parte, oggi, dal presupposto che il suono è, o può diventare, uno degli elementi fondanti e comunicanti tra oggetto e fruitore.

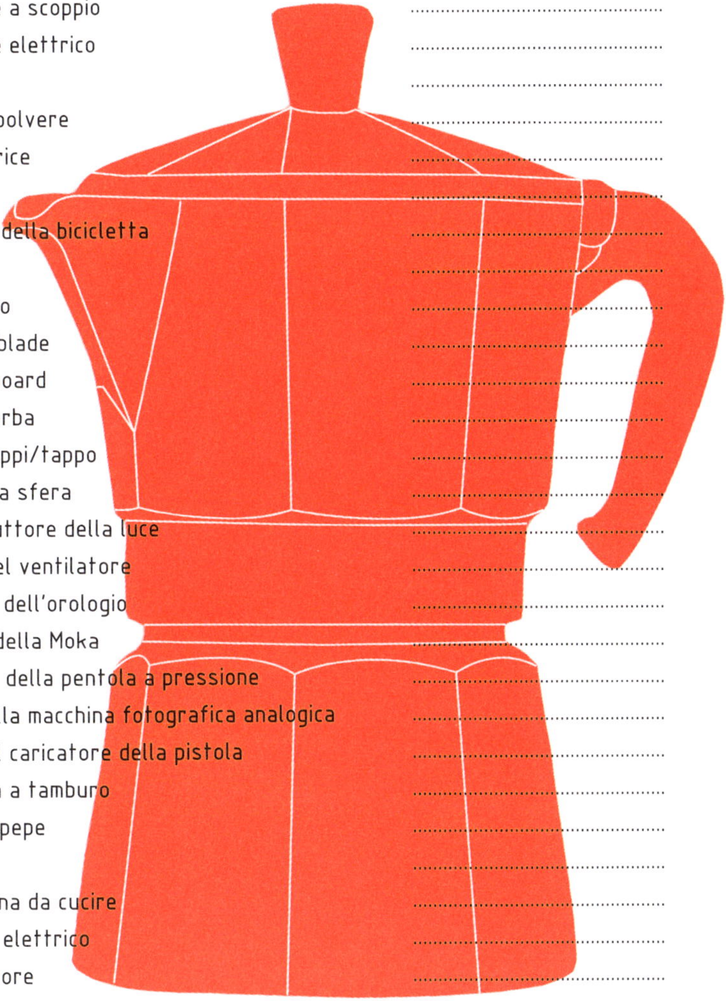

forbice ....

accendino Bic ....

accendino Zippo ....

motore a scoppio ....

motore elettrico ....

velcro ....

aspirapolvere ....

pinzatrice ....

chiave ....

pompa della bicicletta ....

phon ....

trapano ....

roller blade ....

skateboard ....

tagliaerba ....

cavatappi/tappo ....

penna a sfera ....

interruttore della luce ....

pale del ventilatore ....

tic tac dell'orologio ....

caffè della Moka ....

fischio della pentola a pressione ....

clic della macchina fotografica analogica ....

clic del caricatore della pistola ....

pistola a tamburo ....

macinapepe ....

zip ....

macchina da cucire ....

rasoio elettrico ....

frullatore ....

air bag ....

modem ....

fax ....

cintura di sicurezza ....

....

IL SUONO PROGETTATO

Quando il rumore diventa suono

Progettare il suono di un prodotto, associare un suono gradevole a un materiale inerte, rendere vivi gli oggetti: oggi tutto questo si sta realizzando.

Gli oggetti comunicano con l'utente, acquistano una voce propria. Si è aperta una porta che conduce a un territorio sconfinato, a più livelli di complessità: abbiamo definito in questo ambito due insiemi di riferimento. Al primo appartengono i suoni di attenzione, associati alle funzioni del prodotto. Al secondo i suoni identificativi di diversi mondi di prodotti - elettronica, telefonia, auto, moto, cibo - all'interno dei quali il progetto sonoro ha, in modi e gradi differenti, una propria specificità e una forte propensione innovativa.

Suono di attenzione

Il suono segnale, che comunica generando l'attenzione dell'utente e segnala funzioni compiute o in corso

È un suono che comunica con un linguaggio semplice e immediatamente comprensibile, un suono elementare. Un suono progettato, funzionale, per alcuni oggetti forse non strettamente necessario, ma che, soprattutto in ambito domestico, ha arricchito i prodotti e le loro prestazioni dotandoli di un elemento comunicativo nuovo, dinamico, che li ha resi più vivi e attrattivi all'utente.

Il manifestarsi di un suono è l'indizio inconfutabile del fatto che l'oggetto sta entrando in funzione, sta lavorando, sta svolgendo il compito per cui è stato progettato, costruito, acquistato.

Gli elettrodomestici sono stati i primi oggetti a dotarsi di un suono, per quando semplice e allo stadio elementare di suono di attenzione, che ci avvisa con un "bip", con un linguaggio sonoro essenziale, diretto e chiaro a tutti, che la macchina del caffè ha svolto la sua funzione e il caffè è pronto, che il forno ha raggiunto la temperatura desiderata o ha terminato la cottura, che la lavastoviglie o la lavatrice hanno finito di lavorare per noi.

Il suono è qui legato alla specificità performativa dell'oggetto, è un suono tecnico, semplice e basic.

Nel mondo dell'automobile, l'evoluzione del suono di attenzione è stata più forte e c'è stato il passaggio, già da tempo, dal suono semplice, il "bip" che segnala portiere aperte o cinture non allacciate, all'uso della parola. Gli oggetti, dunque, cominciano davvero a parlare.

La catalogazione dei suoni è un'operazione ardua, perché molti oggetti si prestano a letture complesse. Tra questi, gli oggetti di sicurezza, come le cinture per i passeggeri degli aerei.

Un rumore di tipo meccanico, un semplice "clac" che unisce e chiude le due parti della cintura. Ma si tratta anche di un suono di attenzione, garante del loro corretto funzionamento. Il "clac" di chiusura attesta il corretto uso dell'oggetto, mentre l'assenza di questo suono è quasi un paradosso sonoro, un allarme che indica il mancato funzionamento.

Si possono citare, a titolo esemplificativo, alcuni casi in cui la percezione di un suono di processo associato a un gesto si trasforma in suono di attenzione, perché appartiene a un codice linguistico culturale riconosciuto e comunemente interpretato. Come il rumore del tamburo della pistola: un suono di processo, ma che siamo stati abituati ad associare, attraverso l'iconografia cinematografica, a un chiaro segnale di attenzione. La gestualità del cowboy che fa roteare il tamburo della sua Colt è inequivocabile segnale della sparatoria che di lì a qualche secondo avverrà.

La gestualità associata al suono, è dunque, un altro tema interessante che l'analisi del suono degli oggetti offre. L'apertura e l'accensione dell'accendino Zippo, ad esempio, si abbina a una gestualità codificata. Chi è bravo apre e accende lo Zippo con un solo gesto deciso della mano, producendo un rumore composto, quasi una piccola composizione, – dall'apertura del coperchio metallico, dallo "scrac" della pietra focaia e dal "wuum" della fiamma – diventato elemento di riconoscibilità del prodotto tra i fumatori.

Solo lo Zippo, infatti, si può aprire e accendere contemporaneamente e produce quel suono.
La campanella della scuola o della chiesa che il prete usa per chiedere silenzio, il martello del giudice, il gong, il bastone del paggio che alle feste annuncia l'arrivo degli invitati (anche questa iconografia del mondo del cinema), sono tutti suoni di processo, di funzione, ma sono dei precisi suoni di attenzione, diventati parte di un codice linguistico comune e internazionale.
Anche il noto e crescente rumore del caffè che esce dalla Moka, pur essendo intrinseco alla natura della caffettiera, è, almeno per noi italiani, un potente suono di attenzione.

sveglia analogica
bollitore
bip: lavatrice/lavastoviglie/forno che segnala il completamento del lavaggio e della cottura, dispenser di bevande, macchina del caffè e piccoli elettrodomestici, le macchine utensili ecc.
clic della fotocamera digitale
campanello elettrico
clacson dell'auto
voce virtuale del navigatore e delle auto
bip del semaforo
telepass
cintura di sicurezza
suono di apertura del paracadute
....
....
....

Suono identificativo

Il suono che identifica mondi

Computer, telefoni, auto, moto, food sono i mondi più interessanti della produzione contemporanea che abbiamo analizzato dove il suono è un potente elemento di progetto e riconoscibilità dei prodotti.

Nel mondo dei computer e della telefonia cellulare i suoni nascono insieme ai prodotti, come elementi integrati, componenti essenziali del loro progetto e della loro interazione con gli utenti. Suoni dalla spiccata qualità comunicativa, studiati da team compositi che includono sound designer, tecnici del suono ma anche musicisti famosi come Jim Reekes per Apple Computer o Brian Eno per Microsoft.

La distintività del suono (o rumore) dei motori di alcune auto o del motore della moto Harley Davidson sono un dato di fatto. Il potere di riconoscibilità di questi suoni, infatti, è tale che per un vastissimo numero di persone non occorre vedere l'auto o la moto in questione per sapere immediatamente di quale prodotto e di quale marchio si tratta. Per la loro caratteristica di essere fortemente riconoscibili e riconosciuti, questi suoni/rumori sono stati più volte al centro del dibattito nel campo del diritto industriale per l'eventualità di essere oggetto di brevetto.

Il mondo food è un pianeta a sé stante, dove il suono è strettamente legato alla percezione del gusto ed è in grado, talvolta, di diventare elemento distintivo del prodotto. Oggi, infatti, le aziende possono controllare e modificare il rumore prodotto dalla masticazione di alcuni cibi - come l'intensità del "crunch" dei biscotti e delle patatine - e progettare il "fizz fizz" delle bevande gasate per rendere i cibi più gradevoli e appetibili al consumatore.

Dall'analisi dei suoni degli oggetti che ha condotto alla mostra, soprattutto nel mondo dell'elettronica, dove il suono dei prodotti è già una componente essenziale di progetto, emergono dei dati di fatto: stiamo vivendo un momento di passaggio dall'icona al suono e sta aumentando la qualità del suono nel progetto dei prodotti.

Sarà ancora necessario in futuro per le nuove generazioni nate e cre-

sciute nell'era digitale l'associazione icona/suono? Per molti oggetti il segnale sonoro diventerà più potente di quello visivo?
Sul desktop del computer, per esempio, oggi le icone della cartella/schedario, del cestino o della busta di invio della email sono ancora realistiche e supportano il suono. L'interazione tra icona e suono associato ci conferma che il documento è stato messo in cartella, cestinato e la email spedita.
Sarà così ancora nel prossimo futuro o il suono potrà vivere da solo, senza espliciti riferimenti iconici?

Il mondo digitale

Nokia tune (tono chiamata), suono tasti e ricevimento messaggi del telefono cellulare Nokia
suoni avvio, suono scatto macchine fotografiche/videocamere digitali Canon
suono tasti computer, mouse, CD ecc. Microsoft e Apple
Skype

Il mondo auto/moto

motore Ferrari
motore Harley Davidson
chiusura portiera Mercedes
pubblicità BMW

Il mondo del food
ovvero il suono legato alla percezione del gusto

Idrolitina Gazzoni
Coca Cola
Schweppes
fizz fizz champagne
cric croc delle patatine Pringles

crunch dei biscotti ....

caramelle scoppiettanti Frizzy Pazzy ....

....

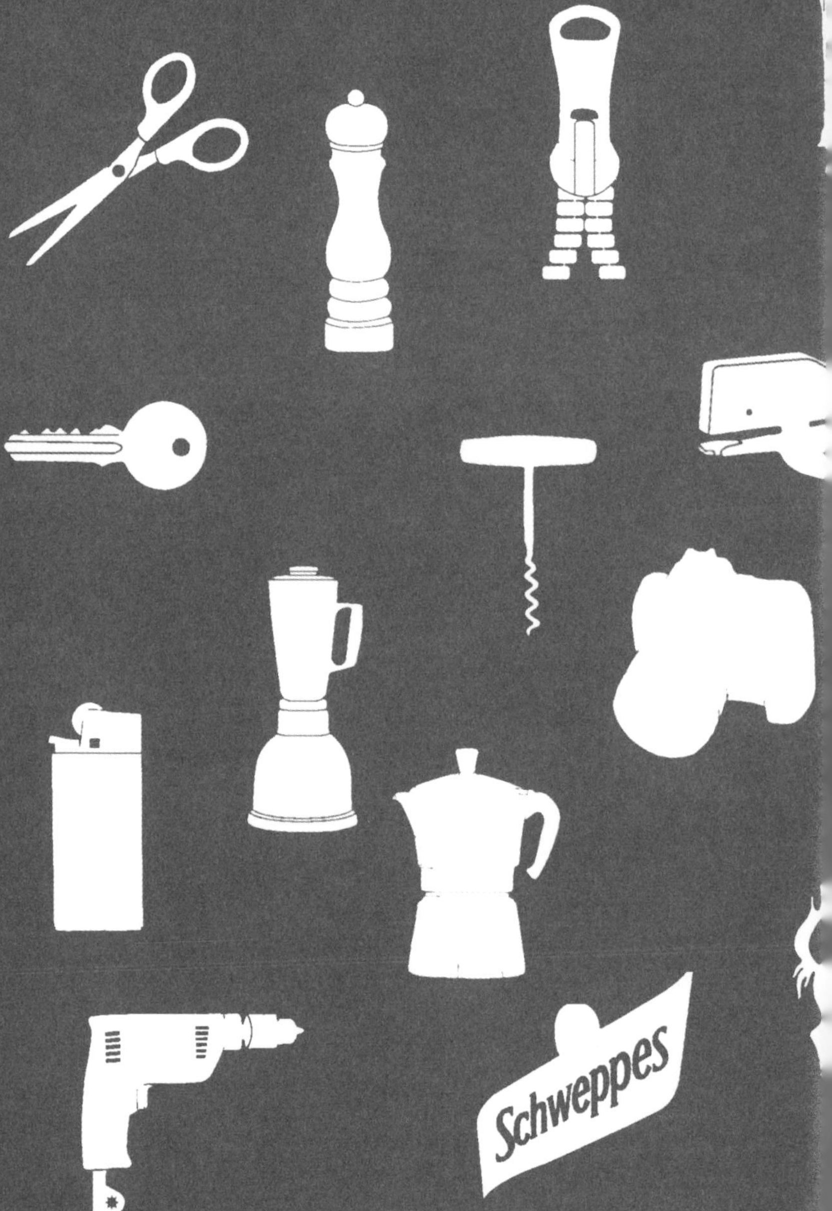
Schweppes

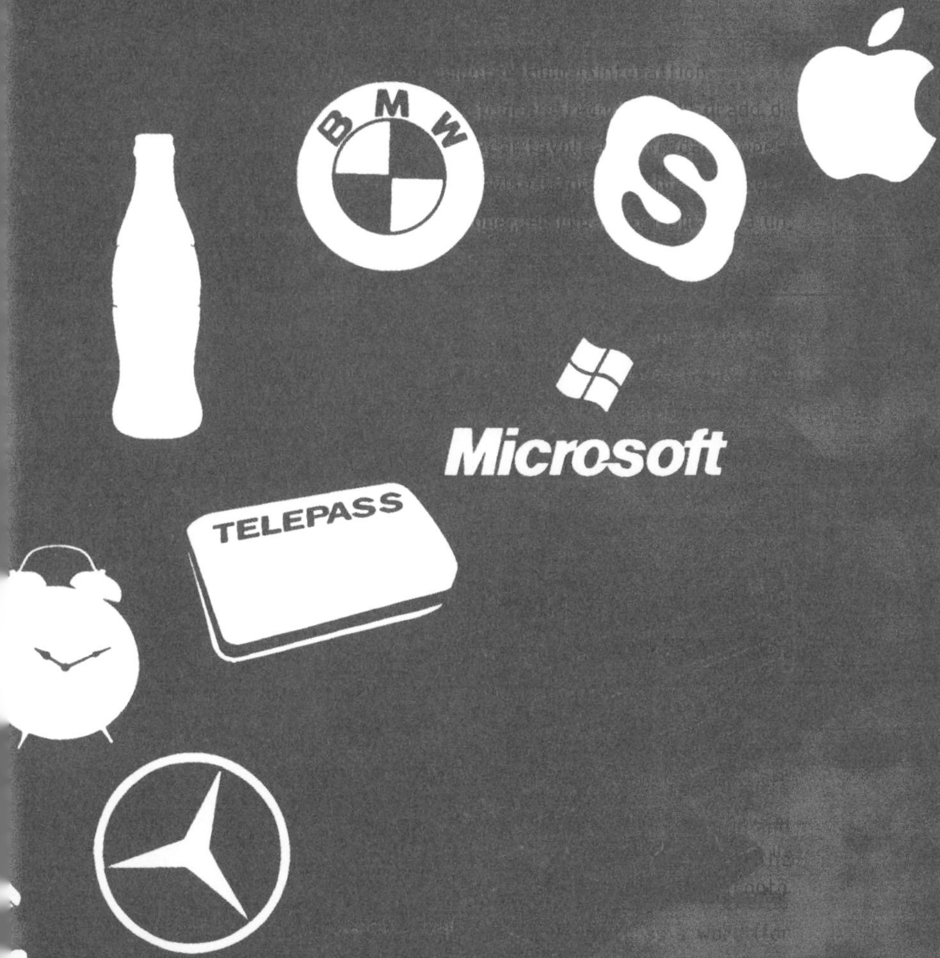

PROGETTATO

Suoni e oggetti quotidiani. Appunti per una storia

di Patrizia Scarzella

Nella ricerca del suono degli oggetti quotidiani mi sono addentrata progressivamente in un mondo composito che a ogni passo rivela nuove prospettive e strade sconosciute da percorrere. È un tema di grande fascino, che esclude da principio, per la complessità e l'articolazione delle sue variabili, di poterlo affrontare in modo esaustivo dal punto di vista critico.

La visuale su questo soggetto è necessariamente internazionale, quindi molto ampia. Numerosissimi e molteplici sono i progetti di ricerca sul tema nel mondo condotti da università, istituti, artisti, progettisti, musicisti, sound designer eccetera: impossibile conoscerli tutti, nonostante internet renda la ricerca assai più accessibile e veloce rispetto al recente passato.

Degli innumerevoli progetti incontrati in questa prima fase di percorso, ne ho scelto alcuni, che ritengo interessanti da citare e segnalare, di stimolo a chi voglia affrontare da neofita il mondo del progetto del suono dei prodotti o un aspetto tematico specifico. Sono appunti, l'inizio di una possibile storia.

Il suono sembra essere l'elemento trasversale e incisivo che oggi, quasi come un fluido in continuo movimento, permea tutti gli aspetti della vita quotidiana. Come agli esordi del design industriale italiano negli anni cinquanta lo statement "Dal cucchiaio alla città" ha orientato diverse generazioni di progettisti aprendo un intero mondo al progetto, il suono apre oggi inaspettate prospettive e offre l'opportunità di creare nuove figure professionali.

La casa e la cucina

Donald Norman, vice presidente del gruppo di ricerca sulle tecnologie avanzate di Apple Computer, autorità riconosciuta nell'attività di studio e di progetto sulle interfacce umane, nel libro *Emotional Design, perchè amiamo (o odiamo) gli oggetti di tutti i giorni* cita tra i primi prodotti sonori il bollitore con fischio melodico disegnato da Richard Sapper per Alessi del 1983 costituito da un fischietto in ottone nelle canne, contenente due coristi in mi e in si che, al momento dell'uscita del vapore, producono una melodia, ispirata, come disse allora Alberto Alessi, al suono dei battelli e delle chiatte che scorrono sul Reno. Il suono, al pari della forma, è in questo caso l'elemento distintivo del prodotto, quello che genera l'emozione.
All'interno della casa è la cucina il luogo più sonoro e dove la gestualità del quotidiano produce i suoni più interessanti, composti e dinamici. Come il sibilo della pentola, lo sfrigolio dell'olio, il gorgoglio dell'acqua, lo scoppiettio dei pop-corn, il tintinnio dei bicchieri ma anche il suono delle azioni complesse e delle interazioni di oggetti e cibi; il coltello che affetta il pane, la cipolla che frigge, il caffè che viene su nella Moka ecc. - suoni diventati musica nel CD *Kitchen Music* realizzato da Arclinea e composto da Electrodomestici.

Gli oggetti suonano, ma vengono suonati per produrre altri suoni

Oggetti sonori, attività per scoprire, costruire e giocare con il suono (M.C. Caroldi e G. Facchin, Centro Studi Erickson, 2005) si intitola un libro frutto di un'approfondita ricerca che ha l'intento di valorizzare la ricchezza e la varietà di esperienze sonore che può offrire la realtà di tutti i giorni. Rivolto alla scuola dell'infanzia e primaria, l'opera porta i bambini a ricercare le potenziali fonti musicali dell'ambiente che li circonda.
Antesignani della trasformazione degli oggetti comuni in strumen-

ti musicali, gli Stomp, l'ensemble inglese di Brighton, ma lanciato a Broadway, dal 1991 dominano le platee di tutto il mondo con i suoni imprevedibili della loro street art che trasforma i rumori della civiltà contemporanea in danza, teatro, musica. Riciclano oggetti quotidiani e comuni della realtà industriale e urbana: coperchi, bidoni, cerchioni di ruote, lamiere, lavelli, ecc., trasformandoli a suon di percussioni in musica e coreografia.
Come molti fenomeni, gli Stomp hanno generato epigoni: dagli australiani Tap Dogs, agli israeliani Sheketak, agli italiani Bungt&Bangt, ai coreani Cookin che nel loro spettacolo più famoso *Nanta* suonano con strabiliante maestria oggetti da cucina, alla Vienna Vegetable Orchestra, composta da undici musicisti, un cuoco e un ingegnere del suono che suonano solo verdure e utensili da cucina. Tra gli strumenti: pela cipolle, macinapepe, porri-violini, zucche-bongos, carote-flauti. Si può suonare tutto e con tutto. Si suonano gli oggetti ma anche gli edifici.
Playing the Building, l'installazione di David Byrne, musicista, artista, leader della band culto dei Talking Heads, nel 2008 è stata realizzata a New York al Battery Marittime Building, a tre anni dalla prima presentazione in una fabbrica dismessa in Svezia. Ferro, cemento e vetro invece di chitarre, basso e batteria. Molto metallo, dal rame all'acciaio, fino allo zinco, in un ambiente ideale da far risuonare. Artisti affermati e gente comune erano invitati a suonare l'edificio su una tastiera posta al centro che "suona" le differenti parti dell'edificio attraverso un complesso cablaggio, senza bisogno di impianto di amplificazione. Tutti i materiali diventano oggetti sonori, dalle superfici cave come i termosifoni percosse con dei solenoidi, martelletti elettrici simili a quelli che si usavano per il campanello di casa, alle travi di acciaio che vengono fatte vibrare con alcuni motori elettrici, dalle grondaie alle tubazioni che suonano una volta bucate come flauti.

Il suono della città

"I suoni appartengono alla città, determinano spazi e identità" afferma Carsten Stabenow, direttore della mostra e del progetto di conferenze "Tuned City tra suono e ipotesi di spazio" (Berlino, luglio 2008), che ha proposto una nuova valutazione della qualità degli spazi architettonici partendo dalla prospettiva sonora. "Per anni gli artisti hanno usato i rumori della città come materiale di rappresentazione o per interrogarsi sullo spazio urbano, territorio nuovo tuttavia per la maggior parte di architetti e urbanisti che adottano per tradizione l'approccio funzionale alla pianificazione. Il progetto Tuned City ha messo a confronto le varie posizioni sul tema di architetti, artisti e teorici per ampliare il discorso sull'architettura attraverso la dimensione del suono".

Dalla scala dell'architettura alla micro dimensione del cibo

Scrive Chiara Buosi nella sua tesi di Laurea *La cucina d'autore. Un'analisi socio-semiotica delle cucine di: La Madonnina del Pescatore, L'Esguard, El Bulli*, anno accademico 2001-2002, Università degli studi di Bologna, Facoltà di Lettere e Filosofia, Corso di laurea in Scienze della Comunicazione (Cap. 3 - I sensi, il cibo, il cervello - 3.2.5. Il senso dell'udito) : "Il senso dell'udito non ha un ruolo primario nell'esperienza gastronomica, bensì solamente una funzione di arricchimento dell'esperienza percettiva globale. Viene attivato, così come la vista, già a distanza dal cibo, nella ricezione delle onde sonore che si producono nell'attività di ristorazione, come nel lavoro di cucina, nelle mansioni del personale di sala, nel vociare degli altri commensali. In prossimità con le pietanze, i rumori sono quelli emessi dagli spostamenti delle posate, nonché dalle sonorità risultanti dal contatto con i denti di cibi dalla consistenza croccante. Questi suoni ci portano a volte nel mondo del ricordo, arricchendo l'esperienza presente con quella di passate degustazioni".

Dagli studi sperimentali condotti da chef come Ferran Adrià presso l'Atelier estetico-gastronomico del ristorante El Bulli in Spagna basati sulla interazione di tutti i sensi, alle ricerche scientifiche in ambito universitario, il suono del cibo è oggi oggetto di molta attenzione, fi-

nalizzata principalmente a produrre informazioni e metodi di controllo per la produzione industriale.
Malcolm Povey , Professore di Fisica del cibo all'Università di Leeds, ha provato che un morso a un alimento croccante, oltre a generare segnali tattili di consistenza e friabilità nella bocca, emette forti impulsi ultrasonici che le nostre orecchie analizzano in pochi millisecondi.
Con una sola duplice scoperta, infatti, utilizzando un microfono, un microscopio acustico, un semplice software e un'invidiabile selezione di biscotti diversi, i ricercatori dell'Università di Leeds hanno dimostrato che la forte emissione di ultrasuoni avviene durante il primo secondo del morso a un cibo croccante e che orecchie e bocca li analizzano simultaneamente.
"Il cibo ci parla e noi naturalmente capiamo che cosa sta dicendo circa la sua struttura interpretando le sensazioni attraverso le nostre orecchie e le nostre bocche. La nostra ricerca dimostra che il suono e la percezione del cibo in bocca è ugualmente importante come il gusto, l'aspetto visivo e l'odore per decidere se ci piace o no."

Per una ricerca quasi in parallelo sul suono delle patatine, Massimiliano Zampini, professore di Psicologia all'Università di Trento e Charles Spence dell'Università di Oxford hanno vinto nel 2008 il premio Ig Nobel, che premia le ricerche scientifiche più insolite e bizzarre, dimostrando che il suono determina una diversa percezione del cibo:
"I volontari reclutati per l'esperimento dovevano mordere 180 patatine uguali, le Pringles. A cambiare era il suono, che noi modificavamo con un amplificatore e ritrasmettevamo loro in cuffia. La loro percezione era diversa, pensavano di aver morso patatine di diversa freschezza."

Vedi *Il ruolo del suono nella percezione del cibo* pag 40

Gli studi teorici, le sperimentazioni e le scoperte scientifiche sono la base di partenza per il progetto del suono di molti prodotti. Le possibili ricadute sull'industria alimentare, per restare negli esempi citati, che ha ben chiara l'importanza del suono del cibo, sono tangibili.
A seconda dei cibi, oggi si sa, ad esempio, che c'è una soglia di rumore ottimale che rende quel cibo più gradevole al consumatore; perciò le aziende sono attente a soddisfare anche le preferenze "acustiche"
Una volta appurato che in generale la gente non gradisce fiocchi di

mais troppo "silenziosi", la Nestlé, colosso dell'alimentazione, si è messa al lavoro per studiare il rumore prodotto dai corn flakes sotto i denti e trovare il "crock" o il "crunch" ideale. Queste analisi alla ricerca del suono ideale di una cialda da gelato o di uno snack che soddisfino contemporaneamente sia il gusto che l'udito del consumatore vengono effettuate con il "crostimetro": gli alimenti croccanti vengono sbriciolati, ed il suono prodotto captato da un microfono collegato ad un computer per la valutazione uditiva.

Suoni e rumori sono registrabili come marchi sonori?

Solo i suoni inventati o anche rumori comuni che hanno acquisito distintività alle orecchie di un grande numero di persone possono dirsi marchi ed essere registrati per non essere copiati? È un dibattito aperto, che solo di recente sembra in Italia avviato a una definizione più attuale e al passo con la realtà contemporanea del progetto dei prodotti industriali, con il superamento di una norma restrittiva che affermava che "può costituire un marchio un segno che di per sé non può essere percepito visivamente, a condizione che possa essere oggetto di una rappresentazione grafica, in particolare attraverso immagini, linee o caratteri". Escludendo, quindi, suoni e rumori non traducibili graficamente come invece lo è la musica, un insieme di suoni collegati rappresentabili visivamente attraverso il pentagramma.
Nella giurisprudenza, non solo italiana, ci sono casi famosi irrisolti e sentenze controverse. L'articolo *Il commento* apparso sulla rivista "Il diritto Industriale" N. 3/2008 a firma degli avvocati Stefano Sandri e Sergio Rizzo cita i tentativi falliti di registrare come marchio sonoro l'urlo di Tarzan. Altro caso noto, e anche questo non andato a buon fine, i vari tentativi di Harley Davidson di registrare il rumore di accensione del motore della sua inconfondibile moto.
Oggi, citando lo stesso l'articolo, si sono aperte nuove possibilità per la registrazione di un marchio sonoro comunitario dall'introduzione del sistema di *e-filing*. È, infatti, possibile allegare alla richiesta di regi-

strazione del marchio sonoro comunitario il deposito elettronico MP3 del suono che si vuole registrare.
"Con un atavico ritardo rispetto all'evoluzione tecnologica, ci sono nuove speranze, scrivono ottimisticamente gli autori, per il prossimo futuro non solo per il deposito di marchi sonori, ma anche per quello di marchi olfattivi e tattili".
È un tema in cui, specialmente quando si tratta di suoni distintivi di prodotti industriali, la visione dei progettisti è spesso molto lontana da quella di chi si occupa della giurisprudenza.

Vedi *Questo suono è mio?* pag 44

Chi progetta il suono dei prodotti?

Lo stato dell'arte del progetto del suono dei prodotti ha già una struttura complessa che vede interagire insieme figure professionali diverse e competenze specifiche in varie discipline, da quelle umanistiche e scientifiche per l'elaborazione di presupposti teorici e metodologici a quelle specialistiche e tecnologiche.
Il progetto del suono di un prodotto o il coordinamento dei suoni esistenti non è un lavoro che si fa da soli! Nel campo della produzione delle auto, uno dei più strutturati in proposito, e il primo settore meccanico che ha introdotto lo studio del suono, i team che lavorano al progetto sonoro dell'abitacolo collaborano in stretto contatto con gli istituti di ricerca.
A titolo esemplificativo, cito il progetto *Interfaccia Uomo-Macchina nelle Auto. L'impatto tecnologico del progetto del suono*, condotto da Sabine Langlois, Bénèdicte Le Nindre e Claire Peteul del Centro Ricerche Renault con Nicolas Misdariis del Perception and Sound Design Team di IRCAM Il Perception and Sound Design Team è un gruppo di ricerca integrato all'interno delle attività di IRCAM - Institut de Recherche et Coordination Acoustique/Musique francese e dal 1999 concentra le sue ricerche teoriche sia sulla semiotica e sull'acustica, sia sulla percezione e lo sviluppo della descrizione del suono e sugli strumenti di sintesi e propagazione. Il suo obiettivo è di utilizzare la ricerca per definire regole generali e principi interpretativi del significato del

suono. Insieme i due team hanno studiato nuovi suoni per l'auto.
Il progetto in questione, presentato al Forum Acusticum di Budapest nel 2005, è interessante per la metodologia di lavoro, per come, partendo da una nuova visione concettuale, si arrivi concretamente all'applicazione reale dei suoni creati.
Dalla relazione degli autori: "Al di là della radio, l'ambiente sonoro all'interno dell'auto consiste in rumori meccanici dell'auto in movimento e di suoni elettronici aggiuntivi di aiuto al guidatore. Noi ci siamo concentrati sul segnale indicatore di svolta. Abbiamo condotto un test con i suoni delle auto e scoperto che i consumatori non condividono la stessa opinione. Se tutti concordano sulle caratteristiche basilari del suono (ritmo) legate alla funzione del segnale di svolta, alcuni apprezzano la qualità del suono attuale (timbro) mentre altri vorrebbero suoni più creativi. La nostra linea guida, allora, è stata quella di creare suoni che lavorino bene con diversi ambienti auto e diversi materiali. Modalys, uno strumento di sintesi sonora sviluppato da Ircam, si è rivelato perfetto per le nostre esigenze. Il Sound Design Team di IRCAM ha formulato il problema in termini di metodologia e ha creato i suoni per noi. Il passo successivo è stato inserirli nell'auto, convertire i nostri file sonori alla tecnologia automobilistica, in modo tale che l'ingegnere elettronico e il costruttore potessero capire meglio l'implemento delle prestazioni dei componenti tipici dell'auto, scoprendone nuove potenzialità. I segnali implementati, infatti, hanno una qualità sonora migliore senza una maggiorazione di costi. Il segnale sonoro di svolta non è la sola interfaccia uomo-macchina. Ci sono altri suoni e bisogna assicurare la coerenza di tutti questi suoni. Il nostro lavoro futuro affronta questo obiettivo".
Ci sono esempi eccellenti, nel campo dell'elettronica, di metodologie diverse al progetto del suono, casi di creazione di suoni il cui obiettivo è essere in primo luogo identificativi di prodotti e brand. Per quanto brevi, di durata massima di qualche secondo, sono in realtà insiemi di suoni, assimilabili a vere e proprie, composizioni sonore innovative con caratteristiche fortemente distintive.
Nel 1994 Microsoft contattò Brian Eno per comporre la musica per il progetto Windows 95. Risultato sono stati i pochi secondi di suono/

musica di avvio del sistema operativo Windows 95, il cosiddetto The Microsoft Sound. Intervistato dal San Francisco Chronicle, l'autore dichiarò allora:

"Mi hanno detto: 'Qui c'è un problema specifico, risolvilo! Vogliamo un pezzo di musica che ispiri, sia universale, ottimistico, futuristico, sentimentale, emozionale', tutta questa lista di aggettivi e, in fondo, l'aggiunta 'deve durare pochi secondi'. Ho pensato che era divertente e anche un pensiero sorprendente riuscire davvero a creare un così piccolo pezzo musicale. È come fare un piccolissimo gioiello. Infatti, ho fatto ottantaquattro pezzi. Mi sono immerso completamente in questo mondo di piccolissimi pezzi musicali. Sono diventato così sensibile ai microsecondi che, alla fine, questo progetto ha davvero aperto una barriera nel mio lavoro. Quando ho finito e sono ritornato a lavorare a pezzi che duravano tre minuti, mi è sembrato un tempo sconfinato!"

Brian Eno per Microsoft, Jim Reekes per il Macintosh start up sound di Apple Computer, Ryuichi Sakamoto per Nokia: i grandi musicisti contemporanei sono spesso coinvolti a creare il progetto sonoro per noti prodotti industriali elettronici e digitali, perché oltre alla straordinaria qualità del loro lavoro, danno al prodotto valore aggiunto per l'effetto di risonanza, per restare nella metafora sonora, che il loro nome genera in comunicazione.

Ma, a parte questi casi eclatanti, quali sono le caratteristiche richieste a un sound designer che voglia progettare il suono degli oggetti o dell'ambiente? Musicista, tecnico del suono, designer con competenza acustica?

Vedi l'intervista di Jenny Stein a Richard Beggs, pag 36

La definizione "sound designer" si articola oggi in tante possibili sfaccettature, ampliando i confini di una professione creativa difficile da definire, rispetto, ad esempio, al mondo anglosassone dove, invece, la definizione di sound designer ha corrisposto finora a un ruolo e un campo di azione piuttosto chiaro specialmente nella produzione cinematografica.

Il Corso di laurea magistrale per l'Ingegneria e il Design del suono, il primo organizzato in Italia, dal polo di Como del Politecnico di Milano, in collaborazione con il Conservatorio Giuseppe Verdi di Como, ad esempio, mira a formare figure professionali nei settori della progettazione acustica ed elettroacustica ambientale e architetturale, della produzione e post-produzione audio, del design per web publishing, della progettazione di strumentazione acustica professionale e commerciale, con sbocchi occupazionali nell'industria radio-televisiva, nell'editoria musicale e multimediale, nella progettazione e realizzazione di installazioni per la diffusione audio in ambienti pubblici, nella domotica ecc.

Il Master in Sound Design and Drama della scuola NABA affronta la necessità di nuove figure professionali legate alla progettazione e alla narrazione sonora contemporanea, partendo dalle richieste del mercato e dalle esperienze di aziende partner con le quali vengono promossi progetti comuni.

La premessa teorica del master delinea con esattezza i contorni del nuovo, vasto mondo di progetto che si apre al sound designer: "In passato il paesaggio sonoro cambiava in seguito all'introduzione di nuovi oggetti e di nuovi materiali e alla scomparsa di altri. Ogni oggetto presente in un epoca storica, tuttavia, aveva un proprio suono che lo distingueva dagli altri. Attualmente questo concetto tende a scomparire; l'idea che le cose abbiano un suono unico, determinato dalle loro proprietà fisiche, è superata: i nuovi strumenti del contemporaneo, in maggior parte elettronici, non hanno un suono poiché non possiedono un materiale, delle proprietà geometriche, un peso. Sono rappresentati da un flusso di elettroni definito mediante un codice sorgente: possono avere un suono qualunque, attribuitogli dal progettista o dagli utenti, fatta salva la possibilità di cambiarlo nel corso della giornata. Le modifiche in atto mettono in crisi i nostri meccanismi di organizzazione percettiva, i processi di riconoscimento e classificazione delle sorgenti sonore.

I sound designers, chiamati a definire le proprietà audio dei prodotti e dei sistemi elettronici di prossima generazione, hanno a che fare con la definizione dei nuovi paesaggi sonori che ci accompagneranno, potranno condizionare il nostro interagire con le cose e modificheranno le informazioni che trarremo da esse.

La filosofia formativa è quella di produrre suoni elettronici, micro-paesaggi sonori e ricorrere alla sonificazione di flussi informativi, pra-

tiche oggi comuni che si inseriscono negli attuali contesti non più solo strettamente urbani, ma anche mondiali, modificandoli radicalmente.
La presenza, sempre più numerosa, di sorgenti audio all'interno dei domini pubblici (metropolitane, aereoporti, uffici), quanto di quelli privati (abitacoli automobilistici, impianti domotici, dispositivi personali), rende necessaria una riflessione attenta sulla formazione del paesaggio sonoro contemporaneo e sulle responsabilità che la figura del sound designer sta assumendo, non tanto nelle applicazioni musicali, quanto in quelle industriali, legate ai processi di comunicazione.
La presenza delle aziende si introduce all'interno del paesaggio attraverso i sound logo, i prodotti del branding audio, gli spot diffusi all'interno delle metropolitane e nei punti vendita distribuiti sul territorio. A differenza dell'audio musicale, questi stimoli sonori rappresentano una presenza non escludibile e costante sul territorio. Se, da una parte, la nascita di prodotti sempre più elettronici, immateriali e rappresentati da software, apre delle opportunità vastissime nella progettazione dei micro-paesaggi sonori emessi dai nuovi oggetti che invadono il nostro quotidiano, dall'altra la totale assenza di regole analoghe a quelle presenti, ad esempio, in architettura ed in urbanistica, che definiscono gli skyline possibili, impone che l'ecologia del paesaggio sonoro venga consegnata alla sensibilità e alle intuizioni di chi si occupa del feedback audio delle cose, che si tratti delle caratteristiche acustiche di un abitacolo automobilistico così come quelle di una centralina per il controllo domotico, inserita in una parete del luogo in cui viviamo". L'attività di un sound designer si sta estendo, dunque, a progettare e ideare oggetti sonori che fanno parte del panorama quotidiano collettivo, che hanno un impatto emotivo in ogni attività della nostra vita. Nuove visioni della professione, nuove opportunità. Un racconto aperto, tutto da scrivere

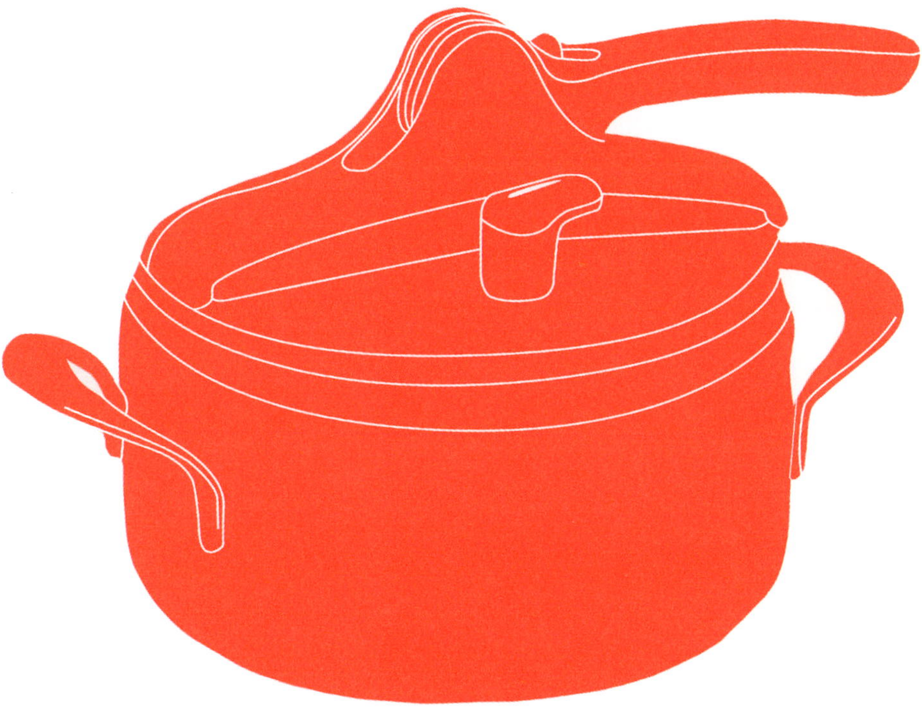

L'inventore di suoni

Jenny Stein intervista Richard Beggs sulla progettazione del suono per il cinema, su come riesce a creare spazi emozionali o psicologici e dare una dimensione a oggetti ed eventi

In cosa consiste il lavoro del progettista del suono?

La mia idea di progettista del suono è l'equivalente musicale del produttore (responsabile del look del film e delle caratteristiche stilistiche che esprimono la visione del mondo che il regista vuole trasmettere). Questo stile, questo sentimento visivo, può portare con sé un carico fortemente emotivo o drammatico. Il progettista del suono lavora con lo stesso materiale, ma attraverso l'udito. Può essere semplice come udire un orologio. Ma che tipo di orologio è? L'orologio è udito soggettivamente (nella mente del personaggio) o nell'ambiente? Le manipolazioni acustiche del mondo naturale possono guidare inconsciamente gli spettatori verso un particolare sentimento o punto di vista rispetto alla scena. Il progettista del suono è responsabile dello sviluppo di queste idee e del lavoro con la troupe di elaborazione del suono. Le persone coinvolte sono molte, perché il lavoro è complesso e c'è molto da tagliare. Anche il suono più comune e banale che, si direbbe, non ha particolare importanza drammatica lo "sbattere di una porta" rispetto ad un altro tipo di porta; può aiutare a spingere il film nella direzione in cui il produttore del suono vorrebbe andasse. Nell'esatto momento in cui leggo la sceneggiatura, penso alle varie possibilità. Quali sono i sentimenti che mi suscita? Mi piace sviluppare vari motivi sonori che persistono lungo tutto il film. Questo crea un collante psicologico che aiuta a dare unità al film dal punto di vista emozionale e conferisce un po' più di profondità alle reazioni emotive dei personaggi.

Quali sono gli elementi principali che utilizzi?

Ti faccio un esempio. All'inizio del film *Sleepers* (di Barry Levinson) c'è un evento davvero terribile ed emotivamente disturbante, durante il quale ci sono alcuni suoni provocati naturalmente dall'azione: qualcuno urta una lampadina, c'è un primo piano della lampadina con una sottile catena di metallo che sbatacchia sul vetro, mentre un cancello a sbarre d'acciaio viene aperto e richiuso facendolo sbattere. Per tutto il film, quando i personaggi che hanno assistito a quell'orribile incidente ne parlano o, si può immaginare, che ci pensino, viene reintrodotto il suono della catenella e del cancello, ma in modo vago, indefinito, quasi musicale. È come il senso dell'olfatto. Quando avete un'esperienza piacevole o spiacevole e un odore o un profumo vi sono associati, per il resto della vostra vita, se l'esperienza è stata abbastanza forte, quando sentirete quell'odore ci sono buone probabilità che ricorderete l'esperienza iniziale. Il suono può funzionare più o meno nello stesso modo; specialmente quando è concentrato in un'ora e mezza dentro una stanza buia. Gli spettatori non dimenticheranno tanto facilmente quanto hanno udito venti minuti o un'ora prima.

In quale altro modo usi il suono?

Mi occupo particolarmente del sottofondo, delle qualità emotive dei rumori di sottofondo. Il suono dell'aria condizionata in una stanza può essere passivo e lieve - può occupare lo spazio - oppure può creare una sensazione opprimente, spiacevole, pressurizzata. Non è una questione di volume alto o basso, ma di qualità del suono. Nel film di Spike Jonze, *Il ladro di orchidee* (*Adaptation*), molte scene erano ambientate in Florida, dentro e fuori una casa che, abbiamo deciso, dovesse avere un condizionatore davvero singolare. Tutto il vicinato risuonava del ronzio di questi condizionatori, ma uno in particolare emetteva questo tintinnio che andava e veniva ritmicamente. Lo inclusi tra i suoni di sottofondo e così questo cominciò a funzionare, come si dice di solito, come un "effetto". Molto spesso, a seconda del film e dello stile, si richiede al suono di andare oltre la normalità, di acquisire un significato speciale. E un suono specifico - non essendo normale - risalta e diventa un evento. Nei *Figli degli uomini* di Alfonso Cuarón c'è una lunghissima scena di battaglia, girata in un modo incredibile, in cui il nostro eroe si aggira nella zona dei combattimenti e poi dentro un grande edificio governativo: molti calcinacci, finestre rotte, scale di cemento che salgono per sei-sette piani. C'è gente che vive qui, in condizioni primitive, insieme ai polli. Nel bel mezzo di questa battaglia davvero terribile ho fatto ruotare il suono tutto intorno, in modo tale che il rumore della battaglia improvvisamente diminuisce, ciò che ha un volume alto diviene silenzioso e, sullo sfondo, si sente un rumore molto specifico, leggero, ticchettante, proveniente dalla battaglia. È un punto di vista soggettivo. Si sente forte il verso dei polli prima ancora di vederli. Quando Clive Owen sbuca improvvisamente dalle scale, si vede una coppia di galline razzolare lì intorno, chiocciando, e il rumore è eccessivamente alto e prominente. Non è un'impressione realistica di quella scena, ma funziona dal punto di vista drammatico, colpisce emotivamente.

Registri dei suoni specifici quando lavori ad un film?

Per *Lost in Translation* (di Sofia Coppola) sono stato a Tokyo per due settimane e ho registrato, in tutte le locations del film, suoni specifici e sottofondi, sia di giorno sia di notte. Anche se esiste una biblioteca di suoni intitolata Tokyo Sound Effects, questa non avrebbe potuto essere precisa come me, che avevo letto la sceneggiatura e visto il girato giornaliero, e quindi avevo delle idee molto chiare di come volevo la colonna sonora.
Per *Marie Antoinette* (di Sofia Coppola) sono andato a Versailles e ho passato del tempo nel palazzo alle undici di sera, dopo la chiusura, quando è veramente silenzioso. Ho registrato lo scricchiolio dei pavimenti, gli stessi che c'erano quando Luigi XVI abitava lì; l'orologio in quella che era la camera da letto del re e che sta lì da più di duecento anni. Ho registrato porte e fontane, campane, le foreste e il terreno

del palazzo; abbiamo affittato cani da caccia e corni da caccia francesi. Tutto è stato fatto con precisione. Sono interessato alla fisicità del suono e mi piace. Se ho una specifica richiesta per un suono, ne scarto uno dopo l'altro fino a quando non trovo quello giusto. Voglio che il suono catturi l'essenza di un oggetto specifico.
La tecnologia ci ha dato la possibilità di costruire suoni a più livelli - del resto la realtà ha davvero molte stratificazioni - ma poi noi non siamo in grado di percepire qualcosa che sta al di sotto di molti strati. Il vantaggio di avere, diciamo, dodici suoni che possiamo udire di una scena (tutti sono stati preparati e tagliati) è che posso scegliere le due o tre cose che meglio rendono l'idea della scena e, o dimenticare gli altri, o relegarli tanto lontano nel sottofondo da renderli mero colore. Preferirei avere un unico suono che trasmette di più di cinque o sei suoni combinati che cercano di comunicare la stessa idea. La questione non riguarda la quantità di materiale, ma le precise scelte che fai

Il ruolo del suono nella percezione del cibo

Massimiliano Zampini

La nostra valutazione degli oggetti e degli eventi, che riempiono il mondo in cui viviamo, dipende dalle informazioni che raggiungono tutti i nostri sensi contemporaneamente. Ad esempio, i suoni che provochiamo quando tocchiamo o usiamo molti oggetti quotidiani comunicano informazioni potenzialmente utili circa la natura degli stimoli con cui stiamo interagendo.

Anche la percezione del cibo che mangiamo deriva dall'integrazione di segnali multisensoriali. Del cibo sono importanti non solo l'aspetto, l'aroma e il sapore, ma anche il tatto (cioè la struttura del cibo) e il rumore sviluppato all'interno della bocca. Ad esempio, ci si può servire del suono prodotto dal morso di una mela insieme all'aspetto visivo, olfattivo e al gusto per determinarne la maturazione.

Una qualità del cibo, direttamente collegata alla percezione uditiva, è la sua friabilità. Di fatto, è stato ipotizzato che la friabilità sia uno degli elementi più utili per descrivere i cibi e la sua percezione è definita in modo specifico in termini di variazione nei parametri sonori: i suoni che indicano maggiore friabilità sono sia più forti sia più alti come tonalità. In uno studio pubblicato sul "Journal of Sensory Studies" (2004), abbiamo indagato se la percezione della friabilità e della non freschezza delle patatine fosse o meno determinata dalla modificazione suono che producono quando si addentano. I partecipanti allo studio hanno dovuto addentare un gran numero di patatine con gli incisivi, per poi dare un giudizio sia sulla friabilità sia sulla freschezza di ciascuna. Sono state utilizzate le Pringles, poiché hanno tutte la medesima misura e forma. Tutti ignoravano il fatto che tutte le patatine, in realtà, provenivano dalla stessa confezione. La percezione della friabilità delle patatine o del loro essere stantie era sistematicamente alterato: i partecipanti ne percepivano la maggiore friabi-

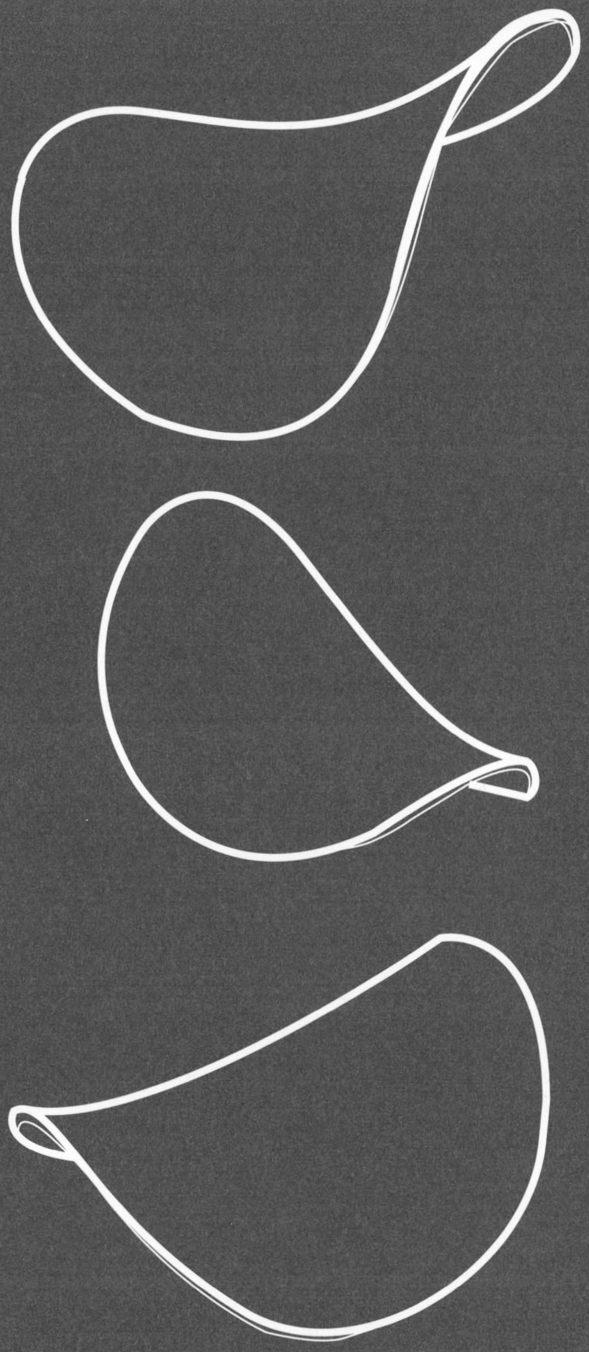

nell'intervallo di 2-20 kHz

lità e freschezza quando il livello complessivo del suono veniva aumentato o quando venivano selettivamente amplificate le alte frequenze. Un'applicazione possibile di questi risultati potrebbe essere applicata nella preparazione dei cibi. Ad esempio, si potrebbe considerare di variare la microstruttura del prodotto per sviluppare cibi che abbiano caratteristiche con una specifica risposta uditiva, avendo dimostrato di riuscire a variare la percezione struttura/gradevolezza. Produrre cibi che "stimolino le nostre orecchie" in modo più efficace può divenire anche un fattore importante per le persone anziane, quando, in relazione con l'età, diminuisce la percezione del sapore/aroma (mediata da un declino nel processo olfattivo e gustativo) e la percezione sonora diviene sempre più predominante. Incrementare l'utilizzo di cibi con un'accresciuta sonorità per reintegrare queste perdite multisensoriali negli anziani potrebbe portare, in modo decisivo, ad un aumento del gusto e della quantità di cibo assunta, ma anche a migliorare il loro appetito, la condizione immunitaria e altri aspetti della salute e del benessere.

"Journal of Applied Psychology", 1958

È importante notare, inoltre, che anche molti altri fenomeni, apparentemente "tattili", possono riflettere le conseguenze di cambiamenti nella percezione uditiva. Ad esempio, Brown riporta che il pane è stato giudicato più fresco, se, avvolto nel cellophane piuttosto che nella carta cerata. Può darsi dunque che il suono, prodotto quando si toccano i diversi involucri, influenzi il giudizio sulla freschezza del pane. Ci si potrebbe chiedere se la percezione della friabilità delle patatine potrebbe variare a seconda delle qualità acustiche dell'involucro in cui sono presentate (se sia ad esempio silenzioso o rumoroso). È importante sottolineare, tuttavia, che questi suggerimenti sonori sono spesso elaborati a livello inconscio e quindi le persone non sono consapevoli della loro potenziale influenza (tendiamo, cioè, ad autoanalizzarci riguardo alla "sensazione tattile" della superficie, piuttosto che in merito al suo suono).

Infine, vale la pena sottolineare che i suggerimenti sonori non sono capaci solamente di interferire con la percezione del cibo a livello sensoriale, ma lo possono anche fare a livello più semantico. I suggerimenti sonori associati con un cibo particolare, inoltre, lo rendono riconoscibile. Ad esempio, un certo numero di prodotti alimentari sembra avere associato un suono come segno di riconoscimento: pensate allo schiocco del KitKat o al caratteristico "crack" del cioccolato che si rompe quando si addenta un gelato Magnum, al rilascio di bollicine quando si apre una bottiglietta di Schweppes. Nel suo libro *Brand Sense*, Lindstrom descrive come la Kellogg's sia arrivata persino al punto di tentare, negli anni ottanta, di brevettare il caratteristico "crack" prodotto dai propri corn flakes.

Per concludere, dovrebbe essere chiaro, a questo punto, l'effetto profondo che i suggerimenti sonori possono avere sulla percezione che le persone hanno del cibo. Tuttavia, è anche importante notare che i contributi sonori alla percezione multisensoriale avvengono senza che le persone siano consapevoli che ciò che stanno udendo sta influenzando la loro percezione generale del cibo. Tuttavia, un crescente nucleo di dati neurofisiologici ed elettrofisiologici hanno già dimostrato la stretta interazione, nel cervello, tra l'elaborazione degli stimoli acustici e di altri impulsi sensori a livello neurale. Pertanto, tutti dovrebbero essere informati circa l'influenza del suono sulla percezione di ciò che mangiano. Infine, potrebbe essere anche possibile intensificare il sapore del cibo accrescendo il suono che i commensali odono

Questo suono è mio?

Fabio Angelini

L'insopprimibile desiderio di poter qualificare qualcosa come nostra, e quindi di poterne godere esclusivamente e, di converso, tener lontani tutti gli altri è probabilmente uno dei nostri più forti istinti. Non sorprende, quindi, che la regolamentazione del diritto della proprietà è, senza qui voler entrare in argomenti troppo complessi, alla base di ogni società civile. Può un suono, o meglio, un segno sonoro appartenere a qualcuno? Non c'è dubbio che da un punto di vista strettamente pratico, il musicista che scrive un concerto, così come il pittore che dipinge un quadro, è intrinsecamente proprietario della propria creazione e potrà, quindi, disporre del risultato fisico dell'opera come vuole. Vi è una sviluppata branca del diritto della proprietà, che si chiama diritto d'autore, che più o meno compiutamente si occupa di questo fenomeno. Non è questo, quello che qui interessa. Il fenomeno ancora non del tutto esplorato è, invece, la capacità di un suono di essere inscindibilmente associato con un prodotto o un servizio in modo da poterlo rappresentare immediatamente nell'immaginario collettivo di quella vasta e indefinibile platea che si identifica con il termine di consumatori. In altri termini, segni come una parola (ad esempio Intel o Kodak) oppure un simbolo grafico (come lo swish della Nike o il triangolino della Mercedes) funzionano benissimo come marchi e quindi permettono al loro titolare di rivendicarne l'uso esclusivo, il che significa poter vietare ad altri soggetti, che operano nello stesso settore, l'uso di una parola o segno grafico identico oppure confondibile.

Può egualmente un suono assolvere questa funzione d'identificazione e concedere la stessa latitudine di esclusiva? In teoria, le legislazioni in questa materia riconoscono la possibilità che questa associazione tra suono e prodotto (o servizio) possa avvenire, e quindi, riconoscono che un soggetto possa sia dire "questo suono è mio", sia "questo suono sono io" (o il mio prodotto).

In pratica, è un po' più difficile e dipende, in larga parte, da una mancanza di approfondimento e di interesse di tipo teorico, dovuto all'oggettiva constatazione che, a differenza dei segni tradizionali, prima che un suono/oggetto sonoro possa essere percepito come indicatore di origine, devono verificarsi una serie di circostanze che rendono questa possibilità un traguardo certo non impossibile, ma che richiede un impegno ed uno sforzo che non sempre gli imprenditori sono pronti a sostenere e comunque l'identificazione avverrà in ambiti molto limitati. Ciò nonostante, in un mondo nel quale la competizione è sempre più forte e una comunicazione intelligente è una delle chiavi per la conquista (o comunque il mantenimento) di quote crescenti di mercato, la possibilità di aggiungere ai tradizionali mezzi di identificazione commerciale, costituiti da parole o disegni, anche segni sonori riconoscibili e associabili rappresenta un'opportunità che l'imprenditore innovativo non dovrebbe sottovalutare, ma anzi cercare di sviluppare e sfruttare.

Occorre, quindi, cercare di fare uno sforzo analitico che permetta di dimostrare come i suoni siano riconducibili alle categorie classiche che vengono usate per "classificare" i marchi tradizionali. Se questo sforzo avrà successo, il segno sonoro, lungi dall'essere solo una possibilità teorica, potrà divenire un importante, ma anche più frequente ausilio, nella strategia della comunicazione di impresa. Non sono sicuro che questo effetto si concretizzerà a breve, ma credo che i presupposti di tipo teorico già ci siano e, forse, basta solo provare a cercarli per trovarli.

In generale, i marchi che consistono in una (o più) parole si dividono in tre categorie.

I marchi descrittivi/evocativi fanno riferimento, più o meno esplicitamente, al tipo di prodotto/servizio o ad una qualità/caratteristica di questi. Per esempio, Brill è chiaramente descrittivo per un prodotto di pulizia, mentre Eternity è da considerarsi evocativo per un profumo.

I marchi arbitrari, che adottano una parola d'uso corrente in un contesto del tutto differente. Per esempio, Panda per un'automobile o Nike per calzature sportive, o Centrino per una tecnologia mobile.

Infine i marchi di fantasia, creati appositamente e che non hanno alcun significato: Viagra, Pentium, Kodak. Questi sono i "re" dei marchi perché, consistendo in combinazioni originali non esistenti nel linguaggio, necessitano del massimo sforzo di comunicazione e di risorse, al fine di caratterizzarsi ed essere riconosciuti dai consumatori con riferimento ad un tipo di prodotto.

Possono le stesse categorie applicarsi anche ai segni sonori? A ben vedere, anzi sentire, il concetto di "suono" include tre differenti fenomeni: una melodia, un rumore, una combinazione tonale. Ognuna di queste tre categorie pone dei problemi pratici differenti, ma sostanzialmente in ognuna di queste si ritrovano le stesse caratteristiche pacificamente riconosciute nei marchi tradizionali.

Infatti, le melodie sono, a mio avviso, assimilabili ai marchi descrittivi/evocativi. Sia che queste melodie siano già conosciute (come ad esempio brani sinfonici o canzoni contemporanee), o siano pezzi originali come i jingle delle pubblicità, la melodia è intrinsecamente costruita per essere orecchiabile, gradevole e comunque in sintonia con l'immagine che si vuole proiettare di un determinato prodotto. Ad esempio, una melodia sognante e malinconica come le *Gymnopedies* di Satie potrebbe ben essere usata per un profumo, la melodia di *Volare* (*Nel blu dipinto di blu*) potrebbe ben attagliarsi ad una compagnia aerea, così come il ritmo pulsante di *Mission Impossible* potrebbe contraddistinguere un determinato tipo di auto sportiva.

Questi esempi evidenziano il parallelismo con i marchi descrittivi ed evocativi: infatti, la melodia già nota (non differentemente dal marchio descrittivo) gode di un immediato grado di riconoscibilità e memorizzazione da parte del consumatore, non in virtù di propri meriti o meriti dell'opera di comunicazione, ma della propria vita precedente. Mentre la melodia originale, come i marchi evocativi, deve comunque farsi conoscere e riconoscere prima che i consumatori identifichino il prodotto di riferimento. Si deve, però, osservare che si sono levate varie voci contrarie alla possibilità che brani di musica classica, dalle *Quattro Stagioni* a *Per Elisa*, possano venire usati quali marchi sonori alla luce del fatto che si tratta di opere che appartengono all'umanità intera e, quindi, dovrebbero essere sottratti all'appropriazione da parte di un qualsiasi soggetto privato; un concetto che curiosamente riecheggia la teoria del Freihaltebedürfnis, ossia della necessità di mantenere libere per l'utilizzo di tutti certe parole, che è uno dei limiti esterni alla registrabilità dei marchi descrittivi. Quindi, così come nell'universo dei marchi si sta assistendo ad un progressivo restringimento delle possibilità di registrazione di marchi puramente descrittivi, non mi stupirei che per le melodie, come marchi sonori, il futuro possa essere solo nelle melodie di tipo originale, cosa che, tutto sommato, avrebbe anche una ricaduta benefica, visto che potrebbe offrire nuove opportunità di lavoro per i musicisti.

Dopo le melodie, a mio avviso, il parallelismo continua con i rumori. Nella vita quotidiana siamo circondati da rumori. Molti ormai sono entrati così profondamente nella nostra più intima coscienza che non ci facciamo più caso, o meglio, li notiamo solo quando, per qualche ragione, sono assenti.

Credo sia un fenomeno comune. Ho vissuto per molti anni in California, ad un paio di chilometri dalla I280, un'autostrada che unisce la Silicon Valley a San Francisco e che, a determinate ore del giorno, era soggetta ad un traffico intensissimo che generava come una vibrazione profonda e costante, ma del tutto di sottofondo, quasi impercettibile. Una mattina presto, svegliandomi, notai qualcosa di strano, ma del tutto indefinibile. Accesi la radio e, nei soliti bollettini del traffico (assolutamente indispensabili per evitare di rimanere imbottigliati per ore), sentii che la I280 era stata chiusa in entrambe le direzioni per un gigantesco incidente. Ecco, mi dissi, cosa c'era di strano! Non c'era quel rombo di sottofondo che era così entrato a far parte delle mie percezioni sensoriali da rappresentare un elemento inscindibile con la mia vita quotidiana. Potrebbe questo tipo di "rumore" funzionare come marchio? Non credo. Il livello di coscienza in cui si situa lo rende, a mio avviso, del tutto incapace di poter assolvere ogni funzione di univoca associazione con un prodotto o servizio, ossia di avere una capacità distintiva. Così come credo siano incapaci di avere tale capacità, in genere, tutti i rumori di fondo che ci circondano, negli ambienti di lavoro (il ticchettare dei tasti di una tastiera di computer), così come nelle nostre case (dall'avvio delle pompe di raffreddamento dei frigoriferi alla centrifuga della lavatrice, fino a giungere al suono soffocato

della televisione troppo alta dei vicini o delle voci indistinte di una conversazione troppo accesa che filtra dai muri).
Ci sono però altri rumori che, pur nella loro frequenza, non assurgono a suoni di fondo, proprio perché tendono ad essere imprevedibili o imprevisti o infrequenti e, quindi, ci sorprendono e li notiamo appena avvengono: lo sbattere di una porta, il rombo dello scappamento di una motocicletta, lo stridio dei freni di un treno, la sirena di un ambulanza. Questi suoni travalicano il primo requisito, quello della soglia di coscienza, ma condividono tutti lo stesso problema, che rende difficile la loro appropriabilità da alcuno. Per quanto siano tutti riconoscibili e riproducibili, dal punto di vista soggettivo del consumatore la loro percezione dipende interamente dalle circostanze di fatto. Per parafrasare la famosa definizione di pornografia che, nel 1964, il giudice della Corte Suprema degli Stati Uniti, Potter Stewart usò: "I shall not today attempt further to define the kinds of material I understand to be embraced . . . [b]ut I know it when I see it", ossia "non oso definirla, ma la riconosco quando la vedo", tutti riconosciamo lo sbattere di una porta, ma mi sembra un'ottima scommessa da vincere il sostenere che la stessa porta non sbatte nello stesso modo due volte di seguito.

Quest'elementare osservazione dimostra quindi la difficoltà pratica di poter rivendicare un diritto esclusivo su un rumore. Ma io credo sia possibile superare questa difficoltà, ed il rumore, come il marchio arbitrario, può funzionare come marchio sonoro, sempre che tra il rumore ed il prodotto che si vuole promuovere non vi siano degli evidenti collegamenti di fatto. L'Harley Davidson ha inutilmente tentato di registrare il rombo dello scappamento del motore delle proprie motociclette ed alla fine ha dovuto rinunciare, perché se anche fosse riuscita ad ottenere una registrazione di marchio, non sarebbe mai riuscita ad ottenere quello che desiderava, ossia di appropriarsi in maniera esclusiva del concetto di rumore di un tubo di scappamento nei confronti della propria offerta di motociclette. L'obiettivo dell'Harley Davidson era abbastanza manifesto: fare in modo che non appena un consumatore sentisse avvicinarsi uno scoppiettio, qualunque esso fosse, potesse solo aspettarsi di vedere arrivare una motocicletta Harley Davidson. Ma, in questo caso, il principio di Freihaltebedürfnis

MOTOR

HARLEY-DAVIDSON

CYCLES

ha funzionato, perché il principio applicato al rumore non era differente da quello applicato per un marchio interamente descrittivo.
Ma, qualora il rumore sia del tutto scollegato dal tipo di prodotto contraddistinto, non vedo perché un rumore ben definito non possa funzionare come marchio sonoro, anche qualora sia oggettivamente difficile valutare se due rumori siano davvero simili e non sia piuttosto l'impressione generale che essi danno, ossia di appartenere alla stessa categoria, alla base di una confondibilità. Ad esempio la Metro Goldwyn Mayer, che ha registrato con successo il ruggito del leone come marchio per i propri servizi d'intrattenimento, credo ben potrebbe opporsi all'uso del ruggito di un altro felino, anche se in concreto sia possibile distinguere tra i due suoni.
Arriviamo così all'ultima categoria, quelle delle combinazioni tonali. In questo caso, credo sia necessario specificare che si tratta di una categoria sottoposta ad alcuni vincoli ben precisi, sia qualitativi sia quantitativi.

In primo luogo deve essere, come nei marchi di fantasia, una combinazione del tutto nuova ed originale, artificialmente creata. In secondo luogo deve essere corta, da due ad un massimo di cinque note, ossia non può essere una melodia, neanche l'inizio di una melodia, ma nel contempo si deve trattare di una combinazione compiuta.
Queste caratteristiche indicano chiaramente che, così come nei marchi puri di fantasia, questo tipo di marchi sonori sono i più difficili da immaginare, far comprendere, riconoscere e ricordare dai consumatori, e quindi, sono anche quelli che godrebbero del massimo grado di protezione. Nello stesso tempo, le caratteristiche di originalità e novità fanno sì che l'adozione delle prime quattro note di una conosciuta sinfonia di Beethoven non sarebbe ammissibile, a mio avviso abbastanza giustamente.
Tra i marchi tonali, un esempio illuminante è il notissimo marchio sonoro della Intel, composto da cinque note (re, re, sol, re, la) in sequenza. Non solo si tratta di un suono nuovo ed originale, appositamente creato. Ma la sua storia ed il suo successo illustrano perfettamente cosa sia richiesto perché un segno sonoro di fantasia possa diventare e funzionare come marchio. Fin dall'inizio, e per anni

ed anni, il marchio sonoro della Intel è stato (ed è tuttora) oggetto di un'intensissima e ben pianificata campagna pubblicitaria, sia propria sia di co-marketing. Il meccanismo usato è sempre lo stesso: ad un paio di attimi prima del termine di ogni spot, qualunque esso sia, appariva il logo Intel e risuonava la combinazione (re, re, sol, re, la). Con questa tecnica e con questa sua ossessiva ripetizione, la Intel è probabilmente riuscita a raggiungere l'obiettivo che l'Harley Davidson ha vanamente cercato di conseguire, e cioè che il consumatore medio non appena ode questa combinazione, in qualunque ambito, immediatamente lo ricolleghi alla Intel.

In conclusione di questa breve panoramica, credo sia possibile riconoscere che i segni sonori sono sì una nuova ed altra frontiera della comunicazione aziendale, ma possono, anzi, dovrebbero essere maggiormente utilizzati perché, in un mercato così affollato da segni e messaggi tradizionali, l'aggiunta di qualcosa di nuovo conferisca un vantaggio ed aumenti la visibilità e, quindi, la possibilità di distinguersi. La mia preferenza, neanche tanto nascosta, è per segni sonori basati sull'innovazione, che si traduce in segni sonori dotati di creatività, originalità e fantasia, ossia per melodie appositamente concepite, segni sonori arbitrari come rumori o le combinazioni tonali che, a mio avviso, permettono veramente di poter dire, questo suono è mio

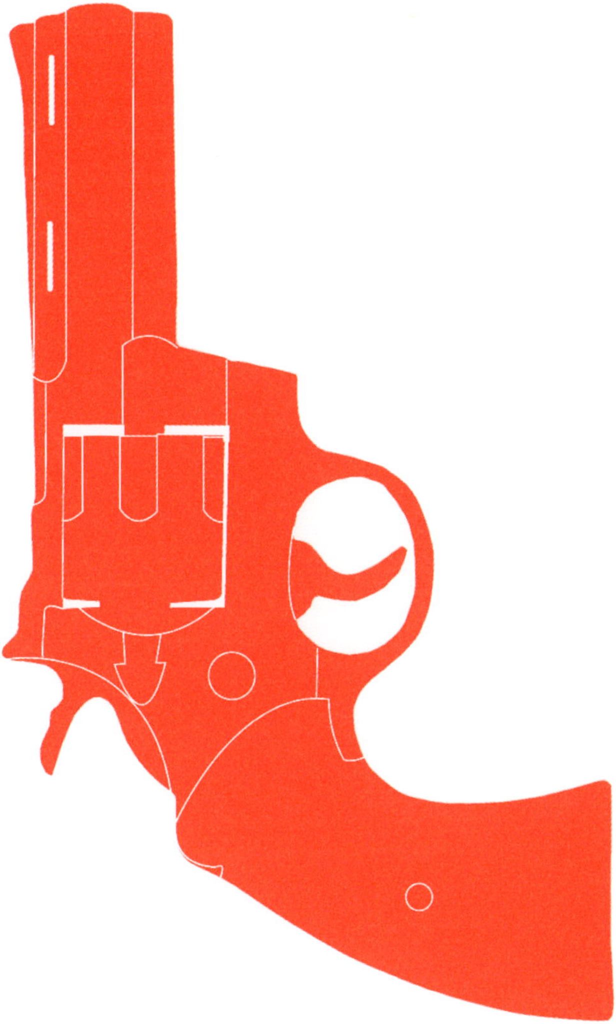

Work in progress

www.triennaledesignmuseum.it/oggettisonori

È il sito web di questa mostra-preludio, aperto ai contributi di tutti coloro che, con approcci diversi, stanno lavorando nel mondo al tema del suono degli oggetti. Il sito è gestito da NABA (Nuova Accademia di Belle Arti, Milano)

Progetti di ricerca europei, invenzioni, sound designers

Abbiamo raccolto qui una serie prima di riferimenti degli studi e delle realizzazioni recenti in fatto di oggetti sonori che tracciano la nostra mappa di riferimento per il progetto della mostra

SOB

(Sounding Object)

rif. Davide Rocchesso, Università di Verona, Scienze Matematiche Fisiche e Naturale, Dipartimento di Informatica

Studio di modelli dinamici sonori per sistemi interattivi, spazi virtuali e display informativi.

www.soundobject.org

CLOSED

(Closing the Loop of Sound Evaluation and Design) 2006-2009 (Sixth Framework Programme)

Patrick Susini, Project Coordinator

Lo scopo della ricerca è quello di definire uno strumento di misurazione funzionale ed estetico del suono che possa essere utilizzato dai designers. Da un lato, questo strumento sarà legato agli attributi fisici degli oggetti quotidiani, dall'altro, si relazionerà con la risposta emozionale dell'utente.

http://closed.ircam.fr

TAI-CHI

Tangible Acoustic Interfaces for Computer-Human Interaction

Nell'ambito del progetto Europeo, si studia la tecnologia in grado di trasformare qualsiasi tipo di oggetto (dai tavoli ai muri, dalle finestre alle lampade, dagli schermi dei televisori agli specchi) in un vero e proprio mousepad di ultima generazione per impartire comandi a un computer.

http://www.taichi.cf.ac.uk

Laboratorio ISPG e di Audio e Acustica del Politecnico di Milano

http://www-dsp.elet.polimi.it/ispg/index.php

Leeds University, Malcom Povey

Docente di Fisica del cibo

Studio sulla fisica degli alimenti, relazione tra il suono dei cibi, i segnali tattili di consistenza e friabilità nella bocca e gli impulsi ultrasonici che le nostre orecchie analizzano in pochi millisecondi.

http://reporter.leeds.ac.uk/press_releases/current/povey.htm

EAA European Acoustics Association

Forum Acusticum è una conferenza triennale europea sull'acustica in generale, organizzata dalla Società Nazionale d'Acustica per conto della European Acoustics Association (EAA).

http://fa2011.org

http://www.european-acoustics.org/products/forum-acusticum

ICAD

ICAD è un forum per presentare ricerche sull'uso del suono per la visualizzazione di dati, per sistemi di monitor e per fornire agli utenti interfacce avanzate per computer e sistemi di realtà virtuale. È un sistema unico per l'attenzione posta al suono e l'insieme di percezione, tecnologia e aree d'applicazione che comprende.

http://www.icad.org

IRCAM

Istituto di ricerca acustica e musicale

http://www.ircam.fr

http://closed.ircam.fr/

Massimiliano Zampini, Università di Trento e Charles Spence, Oxford University

Massimiliano Zampini è docente di Psicologia Generale presso il Dipartimento di Scienze della Cognizione e Formazione dell'Università di Trento.

Vincitore dell'Ig Nobel per la nutrizione 2008 per la ricerca condotta con Charles Spence, della Oxford University, per aver modifcato elettronicamente il suono delle patatine al fine di renderle più croccanti.

http://improbable.com/ig/winners#ig2008

Formasuono

Francesco Rampichini è compositore, saggista e giornalista nel settore della musica. Docente al Politecnico di Milano per il progetto FORMASUONO, ha contribuito a introdurre il suono come materia di progetto nel corso di laurea in Design. Autore di Acusmetria. Il suono visibile (2004). Ha ideato e teorizzato l'Acusmetria, codice delle proporzioni geometriche percepite uditivamente, e sviluppato nuove forme di sintassi per composizioni interconnesse musica/pittura.

http://cdbaby.com/cd/francescorampichini

Master Sound Design NABA (Nuova Accademia di Belle Arti, Milano)

Affronta le nuove esigenze della progettazione sonora nelle applicazioni industriali e negli ambiti della comunicazione elettronica: domotica, mobile, gaming, web, sistemi interattivi e audio tattili, confort audio in spazi architettonici.

Raffaele De Tintis, esperto di tecnologie dell'informatica musicale, è coordinatore del Master Sound Design con, tra gli altri docenti, Giovanni Cospito, docente di Musica Elettronica e Tecnologie del Suono al

Conservatorio di Musica di Como, fondatore del gruppo Sincretica per produzione di opere multimediali.
http://www.master-naba.com/pdf/sound_web.pdf

The Singuhr Sound Gallery

La Singuhr Sound Gallery è da più di dieci anni il principale luogo espositivo per la sound art a Berlino. Il programma espositivo della galleria spazia da oggetti sonori e sculture cinetiche a spazi di puro suono, da produzioni audio-visive ad ambienti confortevoli progettati da artisti.
http://www.singuhr.de/page.php?ID=440&language=ENG

Tuned City. Sounds belong to the City

I suoni appartengono alla città; ne determinano spazi e identità. Tuned City. Between Sound and Space Speculation ricerca una nuova valutazione degli spazi architettonici dalla prospettiva dei suoni.
http://www.tunedcity.de/?page_id=101

Bibliothèque Nationale de France, Paris, Archives Sonores

http://www.bnf.fr/pages/zNavigat/frame/collections.htm

La casa del suono, Parma

Nasce dalla collaborazione della Casa della Musica con l'Università di Parma con l'ambizione di riflettere sul nostro modo di ascoltare e intendere la musica, ed è dedicata a tutti coloro, che oggi ascoltano musica e suoni trasmessi da strumenti tecnologici.
http://www.lacasadellamusica.it/cdmsite/index.php?option=com_content&task=view&id=24&Itemid=50&lang=it

Progetti Sonori

Windows Noises Song

http://www.youtube.com/watch?v=VJlhKromtxE

Apple Soundtrack

http://www.youtube.com/watch?v=RAKXTvyYSfc

Music Done With Just Windows Noises

http://www.youtube.com/watch?v=tZwVmmBSNlo

Nokia e WeSC

Collaborazione per il coordinamento di suoni e colori tra Nokia e WeSC.

http://www.nokiawesc.com

Nintendo, Electroplankton

In Electroplankton arte e musica si intrecciano per creare un'esperienza audio interattiva completamente nuova.

I giocatori incontrano dieci specie incredibili, che rispondono al loro tocco e alla loro voce, per creare suoni e melodie indimenticabili. Interagire con questa grande ed eccezionale varietà di Electroplankton è semplice come far scivolare lo stilo sul touch screen.

"Divertitevi con i Tracy e ascoltate la loro musica mentre nuotano lungo le linee che disegnate. I giocatori possono, poi, battere le mani o usare la propria voce per guidare una microscopica squadra di nuoto sincronizzato di Nanocarp. Ci sono, in tutto, dieci specie di plancton con cui giocare. Electroplankton, ultimo lavoro del famoso media-artista giapponese Toshio Iwai, prende vita solo su Nintendo DS. Una nuova esperienza multimediale di musica interattiva vi aspetta: guardalo, toccalo, ascoltalo e sentilo".

http://www.nintendo.com/games/detail/db2f8da6-2e1b-48cb-b142-a90899e8a1a8

Sound waves - effetti delle onde sonore sulla materia

http://www.youtube.com/watch?v=s9GBf8y0lY0

- tra i correlati se ne possono trovare molti altri -

Tema di Tetris fatto con le Bobine di Tesla

La bobina di Tesla è un apparecchio elettrico a trasformatore risonante, ritenuto tra i più spettacolari, costruito da Nikola Tesla. È in grado di generare veri e propri fulmini del tutto simili a quelli di origine atmosferica, anche se di entità ridotta. Tesla sperimentò una grande varietà di bobine e configurazioni e le usò per condurre innovativi esperimenti sulla luce elettrica, fluorescenza, raggi X, fenomeni di corrente alternata ad alta frequenza, elettroterapia, trasmissione di segnali elettrici e di energia elettrica senza fili.

http://www.youtube.com/watch?v=xYHPZgq_Kgo

Steampunk sequencer

Lo steampunk è un filone della narrativa fantascientifica, ambientato solitamente nell'Ottocento e, in particolare, nella Londra vittoriana tanto cara a Conan Doyle e H. G. Wells, visto come un mondo anacronistico, in cui armi e strumentazioni vengono azionate dalla forza motrice del vapore (steam in inglese) anziché dall'energia elettrica, dove i computer sono completamente analogici, o enormi apparati magnetici sono in grado di modificare l'orbita lunare.

http://www.synthtopia.com/content/2008/11/20/bizarre-steampunk-music-sequencer

Furby Gurdy

Sequencer fatto con dei Furby. I Furby sono piccole creature robotiche coperte di pelo e dotate di becco che hanno invaso i negozi di giocattoli alla fine degli anni '90. David Cranmer, appassionato di strumenti musicali fatti in casa, ha deciso di tramutare i giocattoli in questione in un Furby Gurdy, un'apparecchiatura che permette di suonare i Furby.

http://www.youtube.com/watch?v=sVBfF_wppWs

http://www.nervoussquirrel.com

Sperimentare la piegatura dei circuiti con utensili-giocattolo

La piegatura dei circuiti è il cortocircuito creativo nelle apparecchiature elettroniche - come gli effetti delle chitarre elettroniche a basso voltaggio, dei giochi per bambini e dei sintetizzatori digitali - utilizzato per produrre nuovi strumenti musicali o visivi e generatori di suoni. Poiché enfatizza la spontaneità e la casualità, la tecnica della piegatura dei circuiti è stata generalmente associata al rumorismo, benché sia noto che molti tra i più convezionali musicisti contemporanei e gruppi musicali hanno fatto esperimenti con strumenti "piegati". La piegatura, spesso, comporta lo smontaggio dell'apparecchio e l'aggiunta di componenti come interruttori e potenziometri che alterano il circuito.

http://www.youtube.com/user/noystoise

Il tubo di Rubens

Il tubo di Rubens, noto anche come tubo infiammato a onde stazionarie, o semplicemente tubo infiammato, è un esperimento di fisica che dimostra l'esistenza di onde stazionarie e la relazione tra le onde sonore e la pressione dell'aria

http://www.youtube.com/watch?v=HpovwbPGEoo

Onomatopee random

http://thesurrealist.co.uk/sound

Weird sound generator

http://www.musicfromouterspace.com/analogsynth/YOUR_FIRST_SYNTH/WSG_Reborn/WEIRDSOUNDGENERATORREBORN.php?page=WSG

Fire extinguisher

Nel 1857, lo scienziato irlandese John Tyndall scoprì che le onde sonore potevano spegnere le fiamme. Oggi, gli scienziati sperano che questo fenomeno possa condurre allo sviluppo di nuovi estintori che sarebbero utili, per esempio, in una navicella spaziale o sulla terra, per evitare i danni procurati dall'acqua degli impianti antincendio automatici. Prima, però, devono riuscire a scoprire esattamente perché

il suono riesca a spegnere il fuoco. Molto probabilmente l'onda sonora causa una diminuzione della pressione che, quindi, estingue la fiamma. Dalla rivista *Scientific American* : Nel 2004, Dimitri Plaks e molti suoi colleghi studenti della University of West Georgia fecero un esperimento per verificare se le onde sonore potessero spegnere il fuoco, nella speranza di usare il suono per estinguere le fiamme sulle navicelle spaziali. Hanno collocato una candela in un'ampia camera, priva della parte superiore, con tre casse acustiche alle pareti. La candela venne accesa e How you remind me della rock band canadese Nickelback viene sparata a tutto volume attraverso gli altoparlanti. In circa dieci secondi, non appena la canzone tocca una nota bassa, la fiamma si estingue, secondo i risultati pubblicati nel 2005 su "The Journal of the Acoustical Society of America".
http://www.boingboing.net/2008/01/28/sound-waves-snuff-fi.html

Le Sound-Sculptures di Mark Applebaum

Mark Applebaum è un musicista e compositore che insegna alla Stanford University. Ha costruito una varietà di "sculture sonore", strumenti musicali elettronici costruiti con oggetti trovati, che hanno un aspetto bizzarro e un suono ancora più bizzarro. Gli strumenti sono costituiti da bacchette filettate, chiodi, corde di filo metallico, tese per mezzo di una serie di carrucole e tenditori, pettini di plastica, bacchette di bronzo brunito saldate e ritorte, fermaporta, calzascarpe, cricchetti, ruote d'acciaio, molle, tubi di stagno e PVC, tubi idraulici in rame ondulato, AstroTurf, parti del cambio di Volvo, il logo metallico di una bicicletta Schwinn e, davvero, trappole per topi.
"Suono le sculture sonore sia con le mani sia con una serie di diversi plettri e aggeggi, compresi bacchette giapponesi, ferri da calza, pettini, ditali, plettri veri e propri, tubi chirurgici, archetti di violino e vari giocattoli a molla, trottole eccetera. In mezzo alla scultura sono collocati un mixer e una piccola rastrelliera di processori di segnali elettronici con la loro pedaliera, per lo più vecchiumi analogici da quattro soldi, traspositori di tonalità di prima generazione, riverberi sonori innaturali e simili. Il rapporto tra segnale e rumore non è mai stato una gran preoccupazione per me".

- http://www.neatorama.com/2007/08/07/mark-applebaums-sound-sculptures
- http://www.filmsound.org/terminology/designer.htm
- http://www.soundobject.org/Presentation

Without records - Otomo Yoshihide - installazione

Cosa succede quando separi i dischi dai giradischi? Ti ritrovi "senza dischi", un'installazione dei musicisti sperimentali Otomo Yoshihide e Yasutomo Aoyama, che utilizza più di cento piatti senza disco per esplorare il suono di una tecnologia che sta scomparendo.

- http://www.pinktentacle.com/2008/10/without-records-otomo-yoshihide
- http://oddinstruments.com

Stomp

- http://www.stomponline.com

Vegetable Orchestra

- http://www.soundobject.org/Presentation

Bungt&Bangt

- http://www.caponebungtbangt.com

Cookin

- http://www.youtube.com/watch?v=0XQ-hFrhE_Q

Sheketak

- http://www.youtube.com/watch?v=-VX1v0pj9v4

Tap Dogs

- http://www.tapdogs.com.au

Playing the Building, David Byrne

Un'installazione sonora in cui l'infrastruttura, l'impianto fisico dell'edificio, è convertita in uno strumento musicale gigante. Alcune

apparecchiature vengono collocate sulle strutture – le travi metalliche e i pilastri, i tubi del riscaldamento e quelli dell'impianto idraulico – e sono utilizzate per produrre suoni. L'attivazione è di tre tipi: il vento, le vibrazioni e i colpi diretti. Gli apparecchi non producono suoni autonomamente, ma fanno sì che gli elementi architettonici vibrino, risuonino e oscillino, in modo che l'edificio diventi uno strumento musicale di grandi dimensioni.
http://www.davidbyrne.com/art/art_projects/playing_the_building

Nokia 8800

Il compositore e musicista Ryuichi Sakamoto è stato incaricato di comporre le suonerie e gli avvisi per il telefono. Ispirato dalle moderne linee e curve organiche, Sakamoto ha realizzato un accompagnamento musicale per il Nokia 8800.
http://www.nokia.it/A4239062?newsid=-1621
http://europe.nokia.com/A4142064

Sound design

Jim Reekes

http://www.reekes.net
http://www.whitwell.ndo.co.uk/musicthing/sounds/macstartup.mp3

Brian Eno

http://www.youtube.com/watch?v=845WuAl_Nus
http://www.43folders.com/2005/08/10/eno-on-the-microsoft-sound-heres-a-specific-problem-solve-it

Carsten Nicolai

www.alvanoto.com

Richard Beggs

http://us.imdb.com/name/nm0066740

Agence Laps

http://www.laps-design.com

Saxsofunny

Una società di progettazione del suono di San Paolo del Brasile presenta la propria forza creativa nella progettazione del suono con la frase: "Toda imagem tem um som" (Ogni immagine ha un suono).
La campagna Toda imagem è stata sviluppata da DM9DDB Brazil.

http://www.saxsofunny.com.br

http://www.youtube.com/watch?v=ePsC-HvvHxM&eurl=

http://feeds.blogo.it/designerblog/it&feature=player_embedded

http://www.dm9ddb.com.br

Carsten Stabenow

Designer della comunicazione, curatore indipendente e produttore di eventi nel campo dei nuovi media e della sound art

http://www.garage-g.de

Carsten Seiffarth

Musicista, fondatore e direttore artistico della galleria di Sound art Singuhr di Berlino e uno dei direttori artistici del Media art laboratorio TESLA di Berlino

http://www.singuhr.de

http://www.tesla-berlin.de

Derek Holzer (USA 1972)

Artista del suono. Il suo lavoro consiste nel catturare e trasformare piccoli suoni comuni – tratti da vari contesti naturali e urbani – in attività sperimentale di improvvisazione di suoni elettronici e di software

http://www.umatic.nl/info_derek.html

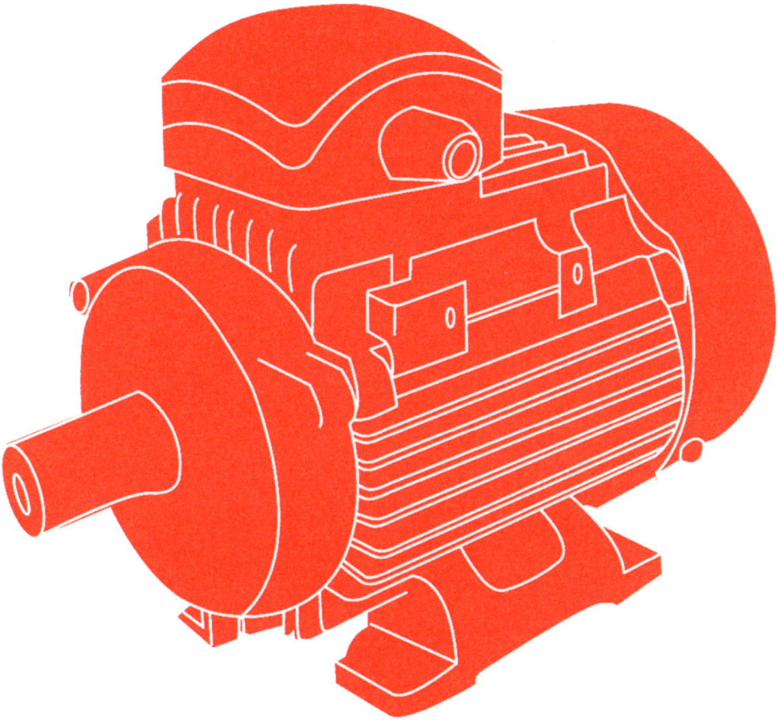

Biografie degli autori

FABIO ANGELINI

Nato a Roma, si è laureato in legge all'Università La Sapienza. È avvocato in Italia e negli Stati Uniti avendo passato il Bar Exam a New York. Ha iniziato la sua carriera professionale come capo della segreteria legale dell'Ispettorato Centrale Antifrode conseguendo, nel frattempo, un Master in European laws. Trasferitosi negli Stati Uniti, ha lavorato come ricercatore presso la Boalt Hall School of Law dell'Università di Berkeley e ha ottenuto un LLM, Master in Laws. Partner per circa dieci anni in uno studio specializzato di proprietà intellettuale (IP), è poi ritornato negli Stati Uniti, dove ha lavorato come "senior attorney" nel Trademarks & Brands Group di una multinazionale nella Silicon Valley. Attualmente è consulente presso lo studio De Simone and Partners di Roma. Collabora come "special contributor" nel primo IP blog italiano, "Catch us if you can".

RICHARD BEGGS

Nativo di San Francisco, progettista del suono e tecnico del missaggio in più di sessanta film per il cinema dal 1976, Richard Beggs ha lavorato con Francis Ford Coppola, Barry Levinson, Sophia Coppola, Alfonso Cuarón e altri tra i maggiori registi. Ha vinto un Oscar per il suono per *Apocalypse Now* e un TEC Award per gli straordinari risultati negli effetti sonori cinematografici e ha ricevuto cinque nomination per il Golden Reel. Dal 1988, oltre a lavorare per il cinema, ha composto le musiche per tre balletti contemporanei, vincendo un premio Isadora Duncan per le musiche di *The Awakening*. Beggs ha studiato pittura e continua a dipingere, insegna, inoltre, Tecnica del suono per il cinema come professore aggiunto al California College of the Arts. È professore associato al Berkeley College, presso la Yale University, e fa parte del consiglio di amministrazione del San Francisco Arts Education Project.

JENNY STEIN

Americana di nascita, è industrial designer e giornalista di design. Dopo la laurea con lode in Industrial Design presso il California College of Arts and Crafts (l'attuale California College of the Arts) ha lavorato come progettista negli studi di That, a San Francisco, e Sottsass Associati, a Milano. Vive a Milano dal 1993 e contribuisce alle ricerche culturali e progettuali del Future Concept Lab di Milano e di Plan a Londra. Oltre ad essere corrispondente italiana per "Surface Magazine", Jenny Stein ha scritto per le riviste "Frame", "Interni" e "Newdesign". Prima di lavorare come designer, ha collaborato con varie produzioni cinematografiche per la progettazione e l'elaborazione del suono, tra le principali *Apocalypse Now Documentary*, *Mai gridare al lupo* e *Mishima: una vita di quattro capitoli*.

MASSIMILIANO ZAMPINI

Docente di Psicologia Generale presso la Facoltà di Scienze Cognitive dell'Università di Trento, svolge la sua attività di ricerca presso il Centro Interdipartimentale Mente e Cervello del medesimo ateneo. Ha lavorato presso il Dipartimento di Psicologia Sperimentale dell'Università di Oxford. I suoi interessi di ricerca riguardano principalmente lo studio della percezione e la comprensione dei meccanismi alla base dell'interazione tra i sensi. In particolare, si è occupato di indagare il ruolo delle informazioni visive ed uditive nella percezione del sapore del cibo. Inoltre, sta conducendo studi sulla percezione uditiva e tattile in persone non vedenti. Infine, si occupa dello studio della percezione multisensoriale corporea in persone con disturbo al comportamento alimentare. Ha, all'attivo, trenta pubblicazioni su riviste internazionali di psicologia sperimentale e neuroscienze cognitive.

2009

MILAN

OGGETTI SONORI

THE
INVISIBLE
DIMENSION
OF
DESIGN

La Triennale di Milano Design Museum

MINI & Triennale CreativeSet

Mini & Triennale CreativeSet is a project directed by Silvana Annicchiarico

La Triennale di Milano
Design Museum

2009

MILAN

OGGETTI SONORI

THE INVISIBLE DIMENSION OF DESIGN

A project by

Marco Ferreri and Patrizia Scarzella

Electa

Contents

SOUND OBJECTS
THE INVISIBLE DIMENSION OF DESIGN

Silvana Annicchiarico
Director of Triennale Design Museum

An Exhibit That Does Not Exhibit

To inaugurate the new space *CreativeSet* within the Triennale Design Museum we have intentionally chosen an *exhibit* that *does not exhibit*. Meaning an exhibit that denies-or conceals-its own expository statute. And which redesigns the logistics of perception, removing from our vision its claim of being the privileged sensory organ for our processes of knowing the world, of recognition of the objects inhabiting it.

In *Sound Objects*, you don't look, you listen. Or you look by listening. Listening is what identifies the objects, puts us into relation with them. In fact, there are no objects. Or better: what is there are the traits they have that pertain to their "sound" identity. In order to allow the objects to be listened to above all, curators Marco Ferreri and Patrizia Scarzella chose first off to make them invisible. They wanted to inhibit what happens through inertia, or by habit, in our perception, whereby vision has consolidated supremacy.

The act of listening always implies-even in our daily lives-a certain relation with the invisible. Just think of the top professionals at listening: the spy, the priest behind the confessional grille, the favorite telephone operator, the analyst in his studio. While they listen, they are all invisible. They make use of a scheme of proxemics that positions them out of eye range of the subject being listened to. In the exhibition *Sound Objects*, the paradigm is reversed, but complementary. The one who is listening-the visitor-obviously is visible, and it is the objects that are relegated to invisibility: reduced to shadows, they express themselves through their identifying sounds.

But that is not all. The exhibit/non-exhibit curated by Marco Ferreri and Patrizia Scarzella implements another reversal: it links the object being listened to with a fixed point of reception, which actually ought to have related to an object being looked at. By contrast with the point of view, in fact, the point of *listening* would not generally appear to be inscribed stably, or structurally, within the very apparatus of representation. In order to perceive a sound or a noise, normally you do not have to be turned toward the acoustical source from which the sound is coming. But in *Sound Objects*, however, you do. The sounds do not float freely on ether; rather, they come out of little "hearing aids" that, by their very form, invite us to bring our ears closer for listening. And it is from there that the sound vibrates, expands, echoes, resounds. By appearance, volatile and elusive, but in reality, capable of being harder and stronger than rock. As we know from the Bible, the walls of Jericho came tumbling down, all because of a sound. Or a noise. *Sound Objects*, in fact, intends to be evocative of the strength of sounds. And of their capacity to knock down–if we, too, so desire–the walls and incrustations that limit and repress our habitual processes of perception and representation of the world.

The Concept of the Exhibition Sound Objects, the Invisible Dimension of Design

by Marco Ferreri and Patrizia Scarzella

From the dictionary...

Sound

indicates the sensation perceived by the auditory organ, owing to vibrations transmitted through the air from a body.

Noise

indicates any acoustical phenomenon, generally irregular, casual, unmusical, especially if unpleasant, annoying, bothersome, harmful.

Melody

is the succession of sounds of varying values that constitutes an organic musical thought.

Music

is the art of combining sounds together in accordance with definite rules, which vary depending on location and epoch.

A prelude exhibition

Subject of the exhibition is the sound that everyday objects produce. This idea arises, and takes form, from the observation of our common interest in sound as it is connected with objects that we have, over time, individually studied using different approaches and methods.
The exhibition analyzes an element of the object, "noise", which until yesterday we tended to eliminate, whereas today, after having been an identifier for the product, has completed its transformation and become, first, "sound" and then, more and more, an identity in the world of objects.
We have called this analysis "the invisible dimension of design," because the "sound" of the object is becoming, more and more, a part of the design itinerary.
Today it is rather normal that, along with objects, sounds are being designed, almost always for attention, and sometimes identifiers for the product (brand). Often these sounds digitally reproduce sounds from our memory (analog), thus referencing worlds that no longer exist (like the "click" of the camera).
We think that, as the memory of the reference sound drifts farther into the past, the sounds of objects will acquire a central position in many production sectors and will have increasing need for design and invention.
This is a frontier that we have only just begun to explore, one that is the object of study throughout the world.
The future of the design of objects will become ever more immaterial, and in a scenario of products that formally are light, thin, conceived for low energy consumption, and realized with the least possible quantity of material, sound will become ever more important as the identity element.
We are just at the beginning of a train of thought, based on the idea that many objects can disappear on to becoming the scant traces of "Hop o' My Thumb" and be integrated with or substituted by sound.
This hypothesis opens prospects of extraordinary adventures for design!

We would like for this small exhibition to multiply its effect, like the stone cast into the water, to return a few years later, vaster, richer, with the participation of a public who, by contributing to this idea, turn it into a large mapping of various approaches and views of the design of sound.

It is the beginning of a story that we would like to see develop in time, the prelude to a vast and widespread international research, to be constructed through the web site with the contribution of all those who, with different approaches, are working around the theme of the sounds of objects: a prelude exhibition open to external contributions, the beginning of a work in progress, in evolution, a fluid material in a continual state of becoming.

Noises and sounds of everyday objects

For this exhibition we have defined a field of action, and we have given a personal interpretation for this, in accordance with the similar view of understanding the design of objects and their sound potentiality.

From within the vast context of the acoustic universe of everyday life, we have selected a series of sounds produced by everyday objects and divided them into two large categories: the process sound, the sound an object produces in order to function, which we often call "noise", and the designed sound, meaning when "noise" becomes sound.

It is in the vast and complex field of object design that sound is being designed. And that is the territory, like that of the architect or the designer, which most fascinates us, most belongs to us.

In fact, today the sound can be a key point in the design of many objects, to the point even of becoming its identifying element, of coinciding with it.

Declined with various meanings, such as the performance aspect in multi-performance and multi-sensorial objects, or, on the contrary, as a playful, unexpected aspect, sound represents one of the newest, most promising features in our view of design: a yet unexplored frontier in design, an opening to new worlds.

From this large family of sounds, we have excluded musical instruments, objects produced for the purpose of producing sounds and entertaining dialog among themselves, and those products of the interaction of several objects and materials that, in our domestic panorama, produce familiar composite and complex sounds. In this universe of daily sound, many widespread sounds are actually of this nature. The kitchen and the actions undertaken there, for example, are a sound sampling of this sort: the sound of the water boiling in the pot; the knife cutting bread on the cutting board; the whisk beating the egg in the ceramic bowl; oil frying in the pan; and all the thousands of other possible actions involved in preparing food. These considerations open a complex field of exploration involving the environment, one that we have intentionally decided not to pursue, circumscribing our theme as the sound of individual objects.

THE PROCESS SOUND

The sound an object produces in order to function, which we often call "noise"

This is a sound that is intrinsic to the nature of the object, which we can call an integral part of the product's constructional mechanism, connected with its formal and functional characteristics, linked to the material it is made of, to the modality of the use for which it was conceived and realized.

Process sound is a powerful memory, the offspring of industrial technologies that today are often surpassed, mechanics first of all. With the advent of electronics, many process sounds, such as those connected with the constructional mechanisms of the objects, today have disappeared. For example, the "tick tock" of the clock, which was generated by the functioning of its gears, no longer exists with digital technology.

Nonetheless, the sound signal from memory is often stronger than the visual signal, so accordingly it is even reproduced artificially in certain digital objects that make reference to an analog, mechanical world that is highly consolidated in the collective memory, at least for pre-digital-era generations.

And therefore a new scenario has opened up. For many years and in many production sectors, industry has concentrated its attention and research in the direction of reducing product noise to zero: the automobile and furnishings sectors have been brought together by the common project of eliminating the noise of closing automobile doors and the noise of closing furniture doors.

In the last ten years, industry has passed from trying to eliminate noises and now is concentrating on the project of transforming them into pleasant sounds. To stay with the example of the car door, the noise has become a soft sound, and the design for this has developed to the point of becoming an identifier of the particular make of automobile. Exploration of this design road is still in its initial phase, and the prospects for development appear to have great potentials. Having overcome the concept of hiding the sounds of materials, our research into new ways of transforming noises into pleasant sounds starts off, today, from the supposition that sound is, or can become, one of the founding and communicating elements between object and user.

scissors
Bic lighter
Zippo lighter
internal-combustion engine
electric motor
Velcro strip
vacuum cleaner
stapler
key
bicycle pump
hair dryer
electric drill
rollerblade
skateboard
lawnmower
corkscrew/cork
ballpoint pen
light switch
fan blades
the tick tock of the clock
the coffee from the Moka
the whistle of the pressure cooker
the click of the old-fashioned camera shutter
the clack of the pistol cartridge
a revolver
a pepper mill
a zipper
sewing machine
electric shaver
blender

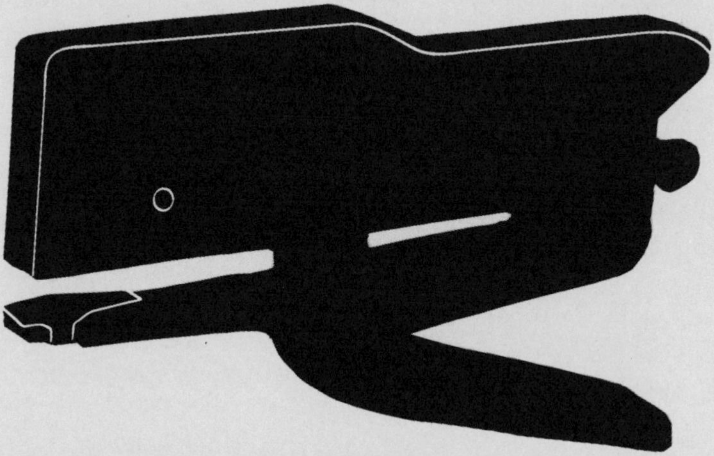

THE DESIGNED SOUND

When noise becomes sound

Designing the sound for a product; associating a pleasant sound with an inert material; making objects come to life; all this is happening today.
Objects communicate with the user. They acquire a voice of their own. Today a door has opened that leads into limitless territory, on various levels of complexity. In this context, we have defined two reference groups. To the first belong attention sounds, associated with the functions of the product. To the second, the sounds identifying various worlds of products' electronics, telephone communications, automobile, fashion, food; within which sound design has, in different ways and degrees, a proper specificity of design and a high innovative propensity.

The Attention Sound

The sound signal that communicates by generating attention on the part of the user and indicates that a function has been completed or is in progress

This is a sound that communicates with a simple, immediately comprehensible language, using elementary sounds. A sound that has been designed, functional, perhaps not strictly necessary for certain objects, but that, especially around the home, has enhanced products and their performances by giving them a new and dynamic communicative element that renders them more alive, more attractive to the user.
The manifesting of a sound is the unmistakable clue to the fact that the object is starting to operate, it is working, it is performing the task for which it was designed, constructed, purchased.
Appliances were the first objects to be endowed with a sound. For however simple and elementary in terms of attention sounds, they

advise us with a "beep", with an essential sound language, direct and comprehensible to all, that the coffee machine has performed its function and that the coffee is ready, that the oven has reached its preheating temperature or has finished cooking, that the dishwasher or the washing machine has finished washing for us.
Here the sound is linked to the object's performing specificity. It is a technical sound, simple and basic. In the automobile world, the evolution of the attention sound has been stronger. For some time now already, the passage has already occurred from the simple sound the beep that indicates that the door is ajar or that the belts are not fastened to the use of words. Objects, therefore, have actually begun speaking.
The cataloging of sounds is an arduous operation, because many objects lend themselves to complex readings. Among these, objects for safety, like the seatbelts for airline passengers. A mechanical-type noise, a simple "click" that unites and closes the two parts of the belt. But it is also an attention sound, a guarantee of their proper functioning. The closing "click" attests to the correct utilization of the object, whereas the absence of this sound is an alarm (almost a sound paradox) indicating improper functioning.
We can cite a few examples in which the perception of a process sound associated with a gesture becomes transformed into an attention sound, because it belongs to a recognized and commonly interpreted cultural linguistic code. Like the noise of the cylinder on a revolver: a process sound, but one that we are accustomed to associating, through cinematographic iconography, to a clear attention signal. The cowboy's gesture, as he rotates the cylinder of his Colt, is the unequivocal signal of the shootout that is about to occur in a few seconds.
The gesture associated with the sound is therefore another interesting topic offered by analysis of the sounds of objects. The opening and the lighting of a Zippo lighter, for example, is associated with a codified set of movements. If someone's good, he can open and light his Zippo with just one decisive hand gesture, producing a composite noise like a small composition, from the opening of the metallic cover, from the "scratch" of the flint, and from the "woom" of the flame that has become an element of recognition for the product among smokers.

In fact, it is only the Zippo that can be opened and lighted simultaneously to produce that sound.
The bell at school, or at church that the priest uses to call for silence, the judge's hammer, the gong, the staff of the page announcing the arrival of guests at a feast (this, too, from the iconography of the world of cinema) these are all process sounds, function sounds, but they also are precise attention sounds that have become part of a common, international linguistic code.
Even the well-known, rising sound of the coffee welling up out of the Moka, though intrinsic to the nature of the coffee maker, is, at least for us Italians, a powerful attention sound.

analog alarm clock
the boiler
the beep: washing machine/dishwasher/ovens signaling completion of the wash cycle, of the cooking; beverage dispenser, coffee machine, small appliances, electric utensils, etc.
the click of a digital camera
electric bell
car horn
virtual voice of the navigator, of the car
the beep of the traffic signal
the Telepass
the safety belt
the sound of the parachute opening
....
....

Identification sound

The sound that identifies worlds

Computers, telephones, cars, motorcycles, foods; these are the most interesting worlds of contemporary production that we have analyzed in which

sound is a powerful element in the design and recognizability of products.
In the world of computers and cell phones, sounds are born together with the products, as integrated elements, components essential to their design and to their interaction with the users. Sounds with distinct communicative qualities, studied by composite teams including sound designers, sound technicians, and also famous musicians, like Jim Reekes for Apple Computer or Brian Eno for Microsoft.
It is a given fact that the sound and noise of the engines in certain cars, or in the Harley Davidson motorcycle, are distinctive. The power of the recognizability of these sounds, in fact, is such that for a very large number of persons, it is not necessary to see the car or motorcycle in question: the sound tells immediately what product and what make it is. And these sounds/noises have several times been the topic of debate in the field of industrial rights, for their characteristic of being highly recognizable and recognized, and for the possibility of their becoming the objects of patenting.

The food world is a planet unto itself, where sound is closely tied to the perception of taste and is sometimes capable of becoming the product's distinctive element. Today, in fact, companies are able to monitor and modify the noise produced by chewing certain foods, like the "crunch" of cookies or potato chips, able to design the "fizzing" sounds of carbonated beverages, to make foods more pleasant and appetizing to the consumer.
From the analysis of the sounds of objects that lead to the exhibition, especially in the world of electronics, where the sound of the product is already an essential component of the design, certain given facts emerge: we are living a time of passage, from the icon to the sound, and the quality of sound in the design of products is increasing.
Will the icon/sound association still be necessary, in the future, for the new generations who were born and raised in the digital era?
Will the sound signal, for many objects, become more powerful than the visual signal?
On the computer's desktop, for example, today the icons of the folder/filing cabinet, of the waste basket, or of the envelope for sending the e-mail are still realistic and still support a sound. The interaction

between icon and associated sound confirms to us that the document has been placed in the folder, or into the waste basket, or that the e-mail has been sent.
Will it still be so in the near future, or will the sound be able to live on its own, without explicit references to icons?

The digital world

the Nokia tune (ring tone), key tones, message signals on the Nokia cell phone
start-up sounds, click sounds for the Canon digital camera/videocamera
sounds for Microsoft and Apple computer keyboard, mouse, CD, etc.
Skype

The car/motorcycle world

Ferrari engine
Harley Davidson engine
closing of the Mercedes car door
BMW ads

The world of food, or the sound linked with perception of food

Idrolitina Gazzoni (additive for carbonating beverages)
Coca Cola
Schweppes
the fizz fizz of champagne
the crunch of Pringles potato chips
the crunch of cookies
Frizzy Pazzy popping candies
....
....
....

Sounds and Everyday Objects. Notes

by Patrizia Scarzella

In my research on the sounds of daily objects, I am becoming progressively immersed in a composite world that reveals new perspectives at each step, and unknown roads to be traveled. The theme is one of great fascination. Because of its complexity and the articulation of its variables, it excludes from the outset any exhaustive treatment from a critical point of view.

The visual on this subject is necessarily international, and therefore very broad. There are numerous and manifold research projects on the topic throughout the world, being conducted by universities, institutes, artists, project designers, musicians, sound designers, and so forth. It is impossible to become acquainted with all of them, in spite of the fact that the Internet makes research quite a bit quicker and more accessible compared to the recent past.

Out of the countless projects encountered in this first phase of the itinerary, I have chosen some that I consider interesting to cite and point out as stimuli for anyone wanting to approach, as a neophyte, the world of design of product sounds, or a specific thematic aspect. These are notes, just the beginning of a cognitive pathway, and I hope they may serve as stimuli for further examination.

Sound appears to be the transverse, incisive element that today "almost like a continuously moving fluid" permeates all aspects of daily life. At the debut of Italian industrial design during the 1950s, the statement "from spoon to city" provided orientation for various generations of project designers, by opening an entire world as subject for design. In the same way, today, so also does sound open unexpected perspectives, and offer the opportunity of creating new professional figures.

Home and kitchen

Donald Norman, vice president of Apple Computer's advanced technology research group and renowned authority in the field of research and design of human interfaces, cites in his book *Emotional Design: Why We Love (or Hate) Everyday Things*, among the first sound products, the kettle with the melodic whistle designed by Richard Sapper for Alessi in 1983.

The brass pipes of the whistling spout contained two chords sounding at E and B, and when the steam came out they produced a melody – as Alberto Alessi said at the time – "inspired by the sound of the steamers and barges that ply the Rhine." Sound, on a par with form, is in this case the product's distinctive element, what generates the emotion.

In the home, the kitchen is the most sonorous place. It is also the place where daily movements produce the most interesting, composite, dynamic sounds.

Like the hissing of the pot, the crackling of the oil, the gurgling of the water, the popping of the popcorn, the clinking of glasses' but also the sounds of complex actions, of the interactions between objects and foods. The knife cutting the bread, the onion as it fries, the coffee coming up in the Moka, and so forth. Sounds become music on the CD *Kitchen Music*, composed by Electrodomestici and produced by Arclinea.

Objects make sounds, but they are played to produce other sounds

There is a book titled *Oggetti sonori, attività per scoprire, costruire e giocare con il suono* (*Sonorous Objects, Activities for Discovering, Constructing, and Playing with Sound*; M. C. Caroldi and G. Facchin, Centro Studi Erickson, 2005), the fruit of an in-depth research with the intention of highlighting the wealth and variety of sonorous experiences that everyday reality can offer. Aimed at nursery school and primary school ages, the work encourages children to seek potential musical sources in their immediate environment.

Forerunners of the transformation of common objects into musical instruments, Stomp, the English band from Brighton, but who started off on Broadway, have dominated stages throughout the world since 1991 with the unpredictable sounds of their street art, which transforms the sounds of contemporary civilization into dance, theater, music. They recycle everyday and common objects from the industrial and urban reality: lids, trash cans, rims, sheet metal, kitchen sinks, etc., transforming them through the sounds of percussion into music and choreography.
As many phenomena do, Stomp has generated its own imitators: from the Tap Dogs of Australia, to the Israeli Sheketak, to the Italian Bungt&Bangt, to the Korean Cookin, who, in their most famous performance, *Nanta*, play objects from the kitchen with astonishing mastery, to the Vienna Vegetable Orchestra, composed of eleven musicians, a cook, and a sound engineer, who play only vegetables and kitchen utensils. Among their instruments: an onion peeler, a pepper mill, leek-violins, squash-bongos, carrot-flutes.
You can play everything, and with everything. You can play objects, but also buildings.

Playing the Building, the installation by David Byrne, musician, artist, and leader of the cult band Talking Heads, was realized in 2008 in New York at the Battery Maritime Building, three years after its first presentation in an abandoned factory in Sweden. Iron, cement, and glass instead of guitars, bass, and drums. A lot of metal, from copper to steel, on to zinc, in an environment ideal for resounding. Affirmed artists and everyday people were invited to play the building on a keyboard positioned at the center that "played" the different parts of the building through a complex cabling arrangement, without need for an amplifying system. All the materials became sonorous objects, from hollow surfaces like radiators struck with solenoids, electric hammers like the ones used for doorbells, to steel beams made to vibrate with some electric motors, from gutters to tubings that played after being pierced like flutes.

The sound of the city

"Sounds belong to the city, they determine spaces and identities", affirmed Carsten Stabenow, director of the exhibition and conference project *Tuned*

City. Between Sound and Space Speculation (Berlin, July 2008), who proposed a new evaluation of the quality of architectural spaces starting from the sound perspective. "For years artists have used the sounds of the city as material for representation or for examining the urban space; a new territory, nonetheless, for the majority of architects and urbanists who traditionally adopt the functional approach in planning. The project *Tuned City* has laid open for comparison the various positions on the theme, of architects, artists, and theoreticians, to broaden the discourse on architecture through the dimension of sound."

From the scale of architecture to the micro-dimension of food

Chiara Buosi wrote in her graduate thesis, *La cucina d'autore. A socio-semiotic analysis of kitchens: La Madonnina del Pescatore, L'Esguard, El Bulli (Designer Cooking. A Socio-semiotic Analysis of the Kitchens at La Madonnina del Pescatore, L'Esguard, El Bulli)*; academic year 2001-2002, University of Bologna, Faculty of Letters and Philosophy, Laurea degree course in Sciences of Communication (chapter 3 "I sensi, il cibo, il cervello (the senses, food, the brain)" 3.2.5. Il senso dell'udito (the sense of hearing): "The sense of hearing does not play a primary role in the gastronomic experience, but rather a function of enriching the overall perceptive experience. It is activated, as is the sight, already at some distance from the food, in the reception of the sound waves produced in the activities of the restaurant, such as in the work in the kitchen, in the tasks of the dining room personnel, in the buzz of conversations from fellow diners. In the proximity of the served dishes, the sounds are those emitted by the movements of the flatware, as well as the sounds resulting from the contact of the teeth with crunchy foods. At times, these sounds take us into the world of memory, enriching the present experience with those of tastings of the past".

From the experimental studies conducted by chefs like Ferran Adrià at the aesthetic-gastronomic atelier of restaurant El Bulli in Spain, based on the interactions of all the senses, to scientific research performed on a university level, today the sound of food is the object of much attention, directed principally toward producing information and methods of control for industrial production.

Malcolm Povey, Professor of Food Physics at the University of Leeds, has proved that biting into a crunchy foodstuff, besides generating the tactile sensations of consistency and crumbliness in the mouth, emits strong ultrasonic impulses that our ears analyze in just a few milliseconds. In a twofold discovery, in fact, by using a microphone, an acoustic microscope, a simple software program, and an enviable selection of different biscuits, the researchers at the University of Leeds demonstrated that the strongest emissions of ultrasound occurs during the first second of the bite into a crunchy food, and that the ears and mouth analyze these simultaneously.

"Food speaks to us, and we naturally understand what it is saying about its structure, by interpreting the sensations through our ears and our mouths. Our research demonstrates that the sound and the perception of the food in the mouth are equally as important as the taste, the visual aspect, and the aroma in order for us to decide whether or not we like it."

For their nearly parallel research on the sound of potato chips, in 2008 Massimiliano Zampini, Professor of Psychology at the University of Trento, and Charles Spence of the University of Oxford were awarded the Ig Nobel Prize, which gives a prize to the most unusual or bizarre scientific research, for their demonstration that sound determines a different perception of food: "The volunteers recruited for the experiment had to bite into 180 equal potato chips, of the brand Pringles. What changed was the sound, which we modified using an amplifier, transmitting it back to them through their headphones. Their perception changed; they thought they were biting into potato chips with different degrees of freshness."

see text
The Role of Auditory Cues in the Perception of Food
page 105

Theoretical studies, experiments, and scientific discoveries are the starting basis for the sound design of many products. The possible repercussions for the food industry, to remain with the cited examples, which knows quite clearly the importance of sound in food, are tangible. For example, depending on the food substance, today it is known that there is an optimal sound threshold that will make the given food more agreeable to the consumer. Because of this, companies are attentive to satisfying "acoustic" preferences as well. Once it had been proved that people generally do not care for cornflakes that are "too quiet", the food colossus Nestlé set to work to study the noise produced by cornflakes under the teeth, to find the ideal levels of "crock" and "crunch". These research analyses for the ideal sound of an ice cream sandwich or other snack, which satisfy the consumer's sense of taste at the same time as his sense of hearing, are effected using the crustimeter. Crunchy foodstuffs are crumbled and the sound produced is captured by a microphone connected to a computer for auditory evaluation.

Can sounds and noises be registered as sound trademarks?

Is it only for invented sounds, or can common sounds that have acquired a certain distinctiveness to the ears for a large number of persons also be called trademarks, and be registered in order to avoid copying? This is an open debate, and one that seems only recently in Italy to be tending toward a more current definition, one more in line with the contemporary reality of the design of industrial products, with the overcoming of a restrictive norm affirming that "a sign that of itself cannot be visually perceived may constitute a trademark provided that it can be the object of a graphical representation, in particular, through the use of images, lines, or characters." Thus excluding sounds and noises that cannot be translated graphically in the way that music, by contrast, can: as a collection of connected sounds that can be visually represented using the musical staff.

In jurisprudence, it is not only in Italy that there are famous unresolved cases and controversial rulings. The article "Il commento" appearing in the magazine *Il diritto industriale*, n. 3/2008, authored by attorneys Stefano Sandri and Sergio Rizzo, cites the failed attempts to register as sound trademarks the call of Tarzan. Another noted case -nor did this one finish well- was in the various attempts by Harley Davidson to register the engine start-up noise of its unmistakable motorcycle.

Today new possibilities have opened up (citing the same article) for registration of a public sound trademark through the introduction of the system of "e-filing". In fact, it is possible to attach to the request for registering the public sound trademark an electronic MP3 deposit for the sound to be registered.

With an atavistic delay, compared with technological evolution, there are new hopes - as the authors write optimistically - for the depositing not only of sound trademarks in the near future, but also of olfactory and tactile trademarks.

It is a theme in which the vision of project designers is often quite remote from that of those dealing with jurisprudence, especially when it is comes to the distinctive sounds of industrial products.

see text
Is This Sound Mine?
page 109

Who designs the sounds of products?

The state of the art of design for the sounds of products already has a complex structure, in which diverse professional figures interact with specific responsibilities in various disciplines from the humanistic and scientific, for elaboration of theoretical and methodological suppositions, to the specialist and technological.

The design for the sound of a product or the coordination of existing sounds is not something that one can approach alone! In the field of automobile production, one of the most structured in this regard, it was the first mechanical sector that introduced the study of sound. The teams working on sound design for the passenger compartments collaborate very closely with research institutes.

As an example, I can cite the project *Man-Machine Interfaces in Cars: Technological Impact of Sound Design*, conducted by Sabine Langlois, Bénèdicte Le Nindre, and Claire Peteul of the Renault Research Department, with Nicolas Misdariis of IRCAM's Perception and Sound

Design Team. The Perception and Sound Design Team is a research group integrated within the activities of IRCAM, the French Institut de Recherche et Coordination Acoustique/Musique. Since 1999 they have been concentrating their theoretical research on both semiotics and acoustics, in terms of perception and the development of the description of sound, and on instruments of synthesis and propagation. Their objective is to utilize this research for defining general rules and interpretative principles for the meaning of sound. Together, the two teams have studied new sounds for the automobile.
The project in question, presented to the Forum Acusticum at Budapest in 2005, is interesting for the methodology of the work, for how, beginning from a new conceptual view, they arrived concretely to the real application of the sounds created.
From the authors' report: "Apart from the radio, the sound environment inside a car consists of the mechanical noises of the running car and the electronic sounds added to help the driver. We focus here on the turn signal. We conducted a listening test with sounds of actual cars and found out that customers do not all share the same opinion. If all customers agree on basic sound characteristics (rhythm) related to the function of turn signal, some appreciate actual sound quality (timbre) whereas the others expect more creative sounds. Then, our guideline was to design sounds that work well with different car environments and different materials. Modalys, a sound synthesis tool developed at IRCAM, suited our needs. Therefore, IRCAM/Sound Design team formulated the problem in terms of methodology and created sounds for us. The next step was to install the sounds in cars. [..] To convert our wave files to car technology, the electronics engineer and the supplier had to better understand the performances of typical car components. In doing this, they discovered new capabilities. [..] The implemented signals have a better sound quality without a major cost effect. The turn signal is not the only man-machine interface inside a car; other sounds are played. We have to insure the coherence of all such sounds. Future work deals with this task."
There are excellent examples, in the field of electronics, of dif-

ferent methodologies for sound design, cases of creations of sound whose objective is to be, first of all, identifiers of products and brands. For however short they are, lasting at most a few seconds, they are in reality collections of sounds that can be likened to actual music, innovative sound compositions with highly distinctive features.

In 1994 Microsoft contacted Brian Eno to compose the music for the Windows 95 project. The result was the few seconds of sound/music for the start-up of the Windows 95 operating system, the so-called "Microsoft sound". In his interview with the *San Francisco Chronicle,* the author then said: "They told me: 'Here's a specific problem. Solve it. We want a piece of music that is inspiring, universal, optimistic, futuristic, sentimental, emotional' this whole list of adjectives, and then at the bottom it said and it must be 3-1/4 seconds long. I thought this was so funny and an amazing thought to actually try to make a little piece of music. It's like making a tiny little jewel. In fact, I made eighty-four pieces. I got completely into this world of tiny, tiny little pieces of music. I was so sensitive to microseconds at the end of this that it really broke a logjam in my own work. Then when I'd finished that and I went back to working with pieces that were, like, three minutes long, it seemed like oceans of time!"

Brian Eno for Microsoft, Jim Reekes for the Macintosh start-up sound for Apple Computer, Ryuichi Sakamoto for Nokia, great contemporary musicians are often engaged to create the sound design for well-known electronic and digital industrial products, because besides the extraordinary quality of their work, they give added value to the product through the effect of resonance, by remaining in the sound metaphor that their name generates in communication.

But, aside from these extraordinary cases, what are the characteristics required of a sound designer who wants to design the sound for objects or for the environment? Musician? Sound technician? Designer with acoustical competency?

see Jenny Stein's interview of Richard Beggs page 100

The definition of sound designer today divides down into many possible facets, extending the boundaries of a creative profession that is difficult to define, by comparison, for example, with the Anglo-Saxon world where, instead, the definition of sound designer has correspon-

ded up to now to a role and a field of action that is rather clear, particularly in film production.
The master's degree course for Sound Engineering and Design, the first organized in Italy, by the Como pole of Milan's Politecnico in collaboration with the Giuseppe Verdi Conservatory at Como, aims at training professional figures in the sectors of acoustical and electro-acoustical design for environmental and architectural spaces, of audio production and post-production, of web publishing design, of professional and commercial acoustic instrumentation design, with occupational outlets into the radio and television industries, musical and multimedia publishing, in design and realization of installations for audio diffusion in public spaces, in domotics, etc.
The master's in Sound Design and Drama from the school NABA deals with the need for new professional figures connected with contemporary sound design and sound narration, starting from market demands and from the experiences of partner companies with whom common projects are being promoted.
The theoretical premise of the master's precisely delineates the boundaries of the new, vast world of design that is opening up to the sound designer: "In the past, the soundscape changed following the introduction of new objects and new materials and the disappearance of others.
Every object in a historical period, however, had its own sound that differed from the others. Currently, this concept tends to disappear, and the idea that things have a unique sound, determined by their physical properties, is outdated: the new contemporary tools, electronic devices, for the most part, have no sound because they do not possess material or geometric properties, or a weight. They are represented by a flow of electrons defined by a source code: they can have any sound given to them by the designer or the user, and even have the possibility of changing during the course of the day. The changes occurring produce a crisis for the mechanisms of our perceptual organization, our processes of recognition and classification of sound sources.
The sound designers, who are called upon to define the audio pro-

perties of the next generation's electronic products and systems will have to deal with defining the new soundscapes that will accompany us. They may condition our interactions with things, possibly modifying the information that we draw from these.

The educational philosophy is that of producing electronic sounds, micro-soundscapes, and resorting to the sonification of information flows. Today these are common practices that fit into current contexts, not only strictly urban, but also global, radically modifying them.

The presence of ever more numerous audio sources within public spaces (subways, airports, offices) as well as in private spaces (passenger compartments of cars, domotics installations, personal devices), makes it necessary to reflect carefully on the development of the contemporary soundscape, and on the responsibilities that the figure of the sound designer is assuming, not so much in musical applications as in industrial applications linked to the processes of communication.

The presence of companies is asserted within the landscape through the sound logo, the products of audio branding, the ads diffused in subways and at points of sales distributed throughout the territory.

By contrast with the sound of music, these sound stimuli throughout the territory represent a constant presence that cannot be excluded. If, on the one hand, the birth of such products - ever more electronic, immaterial, and represented by software - opens vast opportunities for the design of the micro-soundscapes emitted by the new objects invading our daily lives, on the other, the total absence of rules analogous to those in the fields of architecture and urban planning, defining for example the possibilities for skylines, relegates the ecology of the soundscape to the sensitivities and intuition of those concerned with the audio feedback of things, to those who deal with the acoustic features of a car's passenger compartment, or those for a junction box for a domotics installation inserted into a wall in the place where we live."

The activity of a sound designer is extending, thus, to designing and conceiving sound objects that are part of the collective daily panorama, that have an emotional impact on every activity of our lives. New visions for the profession, new opportunities. An open narrative, all waiting to be written

Creating Film Sound

Jenny Stein interviews Richard Beggs about film sound, how he creates emotional or psychological space and gives dimension to objects and events

What is a sound designer?

My idea of a sound designer is the soundtrack equivalent of the production designer (responsible for the look of the film, and the stylistic considerations that express the director's intention for how the world is perceived in their film). This look, this visual feeling, can carry a strong emotional or dramatic load. The sound designer works with the same material aurally. It can be as simple as hearing a clock. What kind of clock is it? Is the clock heard subjectively (in the character's mind) or in the room? Acoustical manipulations of the natural world can direct the audience subconsciously towards a particular feeling or point of view about the scene.

The sound designer is responsible for developing these ideas and working with the sound editorial crew. Because movie sound is complicated and there is so much to cut, a lot of people are involved. Even the most ordinary mundane sounds that you would say have no particular dramatic importance one -door slam- as opposed to another may help push the movie in the direction the sound designer would like it to go.

I'll read the script and right away I'm thinking about the various possibilities. What is the feeling I get? I like to develop various sound motifs that carry through the film. This creates a psychological glue that helps tie the film together emotionally and gives a bit more depth to the character's emotional reactions.

How are motifs used?

Early on in the movie *Sleepers* (by Barry Levinson) there is a really terrible, emotionally disturbing event, during which specific sounds

happen as a natural course of the action: somebody bumps the light bulb there's a close-up camera shot of the light bulb with a little metal chain rattling on the bulb and a steel cage door is opened and slammed. Throughout the movie in those moments when the characters who experienced this horrific incident either speak about it, or you can tell they are thinking about it, I would reintroduce the sound of the pull-chain and the door, but in a very distant, diffuse, almost musical way.
It's like the sense of smell. You have an experience that is either pleasant or unpleasant and some odour or aroma associated with it. For the rest of your life, if the experience was strong enough, when you smell that smell, there's a good chance that you'll recall the initial experience. Sound can work much the same way. Especially when it's all jammed inside an hour-and-a-half in a dark room the audience won't forget that easily what they heard 20 minutes or an hour ago.

How else do you use sound?

I'm into backgrounds, the emotional qualities of background sound. The sound of air conditioning in a room can be passive and gentle "fill the space" or it can create an oppressive, unpleasant, pressurized feeling. It's not an issue of loudness or quietness, but what the sound is. In Spike Jonze's movie, *Adaptation*, a lot of scenes took place in Florida just outside and inside a house we decided had a really funky air conditioner. The neighbourhood was just droning with these air conditioners, but one in particular had this rattle that would come and go, rhythmically. I embedded that in the background and then the background began to function as what are called effects.
Very often, depending upon the movie and the style, sounds will be required to transcend the mundane, to take on special significance. And a specific sound - because it isn't normal - will leap out and become an event. In *Children of Men* (by Alfonso Cuarón) there's this protracted amazingly-shot battle sequence as our hero journeys through the combat zone and into a large institutional building: lots of rubble, broken windows, with concrete stairs that go up 6 or 7 stories. People are living there in primitive conditions, with chickens. In the middle of

this really awful battle I twisted the sound around so that the battle sound suddenly receded - what's loud suddenly becomes very quiet and in the foreground you hear very specific small pin point sounds from the battle. It's a subjective point of view. You hear the loud "buck buck buck" of the chickens before you see them. As Clive Owen comes up around the stairs suddenly you see a couple of hens scurrying around "buck buck bucking" and the sound of them is inordinately loud and prominent. It is not a realistic impression of that scene, but it works dramatically - it affects you emotionally.

Do you record specific sounds when you are working on a film?

For *Lost in Translation* (by Sofia Coppola) I went to Tokyo for 2 weeks and recorded all of the practical locations of the movie; - both night and day - specifics and backgrounds. Even if there were a library of sounds called *Tokyo Sound Effects* it wouldn't have had the focus that "having read the script and seen dailies of the picture" I had very specific ideas about what I wanted in the sound track.

For *Marie Antoinette* (by Sofia Coppola) I went to Versailles and spent time in the Palace of Versailles, at 11 p.m. at night after it was closed and really quiet. I recorded the creaking of the floors, the same floors that were there when Louis XVI was there, and recorded the clock in what was Louis XVI's bedroom, the actual clock that was there 200-plus years ago. I recorded doors and fountains, bells, the forest, the grounds of the Palace; we hired French hunting dogs and French hunting horns. It was all done to order.

I'm interested in and I enjoy the physicality of sound. If I have a specific requirement for a sound, I will reject sounds over and over and over again until I get the right one. I want the sound to capture the essence of that object.

Technology has given us the ability to make many, many layers - and in fact reality has many, many layers - but we don't really hear in many layers. The advantage of having, let's say, 12 things we can listen to

in the scene (they've all been prepared and cut) is I can pick the 2 or 3 things that best convey the scene and either forget the rest or relegate it so far away that it's merely a colour.
I would rather have the one sound that says the most than 5 or 6 sounds - all combined - that try to convey that same idea. It's not the amount of stuff but the specific choices you make

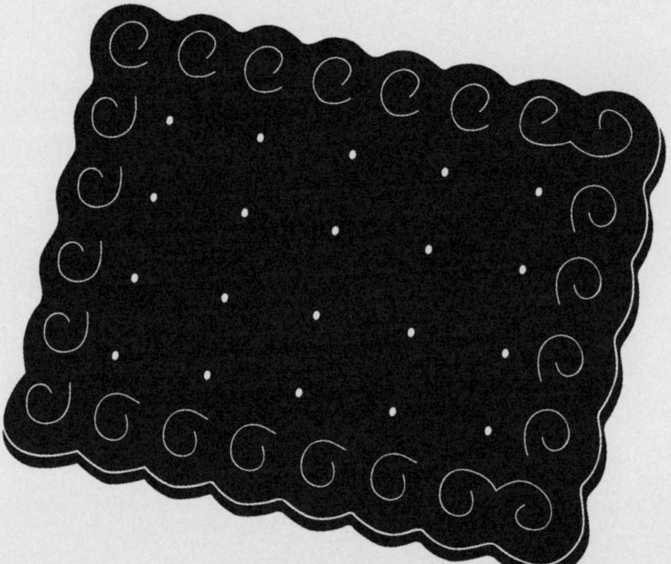

The Role of the Auditory Cues in the Perception of Food

by Massimiliano Zampini

Our evaluation of the objects and events that fill the world in which we live depends on the information reaching several of our senses simultaneously. For example, the sounds that are elicited when we touch or use many everyday objects typically convey potentially useful information regarding the nature of the stimuli with which we are interacting.

Our perception of the food we eat is also derived from the integration of multisensory cues. Not only is it important what a food looks, smells and tastes like, but also what it feels like (i.e., oral texture) and sounds like in the mouth. For example, people can use the sound produced when they bite into an apple together with any visual, olfactory and gustatory cues to determine its ripeness.

One food quality that is directly related to auditory perception is crispness. In fact, it has been argued that crispness is one of the most useful of food descriptors, and the perception of crispness is typically defined in terms of changes in sound parameters: Crisper sounds are typically both louder and higher in pitch.

In a study published on *Journal of Sensory Studies* (2004), we have investigated whether perception of the crispness and staleness of potato chips would be affected by modifying the sounds produced during the biting action. Participants in this study had to bite into a large number of potato chips with their front teeth while rating either the crispness or freshness of each potato chip. Pringles potato chips were used given their uniform size and shape. The participants were ignorant of the fact that all of the Pringles actually came from the same batch/packet. The perception of both the crispness and staleness of the potato chips was systematically altered: they were late in the range of 2-20 kHz

perceived as being both crisper and fresher when either the overall sound level was increased, or when just the high frequency sounds were selectively amplified.

One possible application of these findings could be in the preparation of foodstuffs. For example, one might consider varying product microstructure to develop products with specific auditory response profiles that have been shown to modulate texture/pleasantness perception. Developing foods that more effectively "stimulate our ears" may also become more important as the population ages, and so age-related declines in taste/flavour perception (mediated by a decline in olfactory and/or gustatory processing) become ever more prevalent, and thus important. Crucially, the increased use of sound-enhanced foods to make up for these multisensory losses in the elderly might lead to an increase in the palatability and intake of food, as well as improve their appetite, immune status, and other aspects of their health and wellbeing.

Journal of Applied Psychology, 1958

It is important to note here that many other apparently "tactile" phenomena may also reflect the consequences of changes in auditory perception as. For example, Brown reported that bread was judged as being fresher when wrapped in cellophane than when wrapped in wax paper. It may be that the sound produced when touching the different wrappers influenced the freshness judgment for the bread in this study. One might wonder whether the perception of the crispness of potato chips would also be modulated by variations in the auditory qualities of the packaging in which they are presented (i.e., silent or noisy). Importantly, though, these auditory cues are often processed at a covert level, and so people are often unaware of their potential influence (i.e., we tend to introspect about the "feel" of surface, rather than about its sound).

Finally, it is worth noting here that auditory cues are not only capable of modulating food perception at a perceptual level, but can also do so at a more semantic level. The auditory cues associated with a particular foodstuff can also made it recognizable. For example, a number of food products appear to have signature sounds associated with them: Think of the snap of the Kitkat or the distinctive "crack" "of the chocolate breaking as one bites into a Magnum ice cream, the sound of the release of carbonation as a bottle of Schweppes is opened. Lindstrom in his book *Brand Sense*, describes how Kellogg's even went so far as to attempt to patent the specific crackling sound made by their corn flakes in the 1980's.

In summary, it should now be clear the profound effect that auditory cues can have on people's perception of food. However, it is also important to note that the auditory contributions to multisensory perception typically take place without people being consciously aware that what they are hearing is influencing their overall food experience. However, a growing body of neurophysiological and electrophysiological data have already demonstrated the close interaction between the processing of auditory and other sensory inputs at a neural level in the brain. Therefore, people should be alerted about the influence of sound on their perception of what they eat. Finally, it might also be possible to enhance the flavour of the food by boosting the sound that diners hear

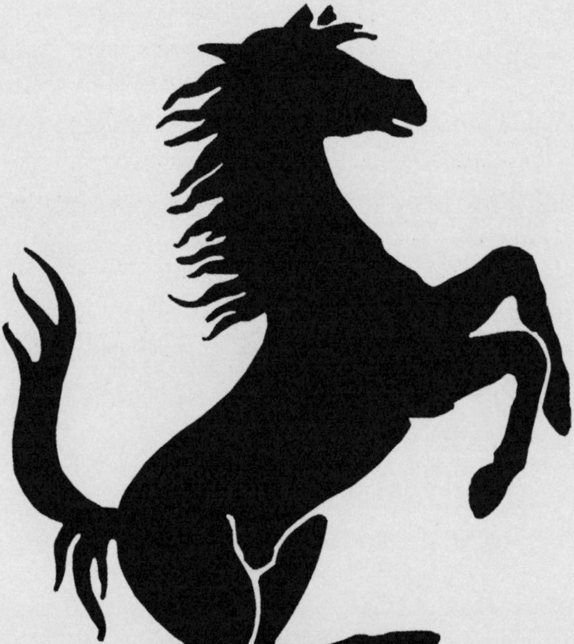

Is This Sound Mine?

by Fabio Angelini

The irrepressible desire to be able to qualify something as our own, and thus to be able to enjoy it exclusively, to keep others away from it, is probably one of our strongest instincts. So it should not surprise that regulation of property rights is-without wanting to enter here into discussions that are too complex-fundamental to any civilized society. Can a sound, or better, a sound sign, belong to someone?

Certainly, from a strictly practical point of view, the musician who writes a concerto, like the painter who paints a picture, is intrinsically the owner of his own creation and can thus dispose of the physical result of the work as he chooses.There is a well-developed branch of property rights, known as copyright, which deals more or less completely with this phenomenon. This, however, is not what interests us here.

The phenomenon that has not yet been fully explored is the capacity for a sound to be indissolubly associated with a product or service, in such a manner as to be able to represent it immediately within the collective view of that vast and indefinable audience identified under the term of "Consumers". In other words, signs such as a word (for example, Intel or Kodak) or a graphical symbol (like the Nike swish, or the Mercedes tri-point) function very well as brand indicators and thus allow their owners to claim exclusive use of them, and this means being able to forbid others operating within the same sector to use that same word or graphical sign, or one that could provoke confusion. Can a sound just as well perform this role of identification, and permit the same latitude of exclusivity? Theoretically, currently legislation on the matter recognizes the possibility of this association between sound and product or service, and therefore also recognizes that a subject may say "This sound is mine" or "I am this sound" or "This sound is my product." In practice, however, it is a bit difficult, primarily owing to a lack of in-depth elaboration and theoretical interest, resulting from the objective observation that, by contrast with traditional signs, before a sound/sound object can be perceived as indicator of origin, a series of circumstances must occur, making this goal not an impossible one, but also requiring a commitment and effort that entrepreneurs are not always willing to sustain, considering that such identification might apply only within very limited contexts.

Notwithstanding, in a world where competition is ever stronger and where intelligent communication is one of the keys to the conquest (or at least, to the maintaining) of increasing portions of the market, the possibility of adding to the traditional means of commercial identification, constituted of words or designs, also sounds that are recognizable and associable represents an opportunity that the innovative entrepreneur ought not underestimate, but rather seek to develop and exploit.

What is needed, therefore, is to make an analytical effort allowing demonstration of how sounds can fit into the classical categories used to "classify" traditional brand indicators. If such an effort proves successful, the sound sign, far from being merely a theoretical possibility, can become an important, and even more frequent, aid in an enterprise's communication strategy. I am not sure whether this effect will become concrete in the near future, but I believe that the theoretical suppositions exist already, and perhaps we need only look in order to be able to find them. Generally, brand indicators consisting of one (or more) words can be divided into three categories.

Descriptive/evocative brand names make more or less explicit reference to the type of product/service, or to a quality/characteristic of these. For example, Brill is clearly descriptive of a cleaning product, while Eternity would be evocative for a perfume.

Arbitrary brand names, which adopt a word in current use for a completely different context. For example, Panda for an automobile, or Nike for sports shoes, or Centrino for mobile technology.

And lastly, fantasy brand names, created expressly and that have no significance: Viagra, Pentium, Kodak. These are the "kings" of brand names: since they consist in original combinations that do not exist in the language, they require the maximum effort in terms of communication and resources in order to be characterized and recognized by the consumer as references to a type of product.

Can the same categories be applied to sound signs? Under closer examination, or rather, closer "listening" the concept of "sound" includes three different phenomena: a melody, a noise, a tonal combination. Each of these three categories poses different practical problems, but in substance, each one of these bears those same characteristics that are peacefully recognized in traditional brand indicators.

In my opinion, melodies can indeed be assimilated among the descriptive/evocative brand indicators. Whether these melodies are already known (as, for example, with excerpts from symphonies or contemporary songs) or they are original pieces, like publicity jingles, a melody is intrinsically constructed to be easy to listen to, pleasant, and at any rate, in harmony with the image that a given product intends to project. For example, a dreamy, melancholy melody like in Satie's *Gymnopedies* could easily be used for a perfume; the melody from *Volare* (*Nel blu dipinto di blu*) could fit nicely for an airline company; and the pulsing rhythm of *Mission Impossible* could be used to distinguish a particular type of sports car.

These examples highlight the parallel nature of descriptive and evocative brand indicators. In fact, a melody that is already known (not otherwise than for a descriptive brand indicator) can enjoy an immediate degree of recognizability and memorization on the part of the consumer, not by virtue of its own merits or of the merits of the communications program, but of one's own past in life. But an original melody, just as for evocative brand indicators, must make itself known and recognized even before consumers identify the product being referred to. It must be point out, however, that various objections have been raised against the possibility of allowing excerpts from classical music - from *The Four Seasons* to *Für Elise* - to be used as sound indicators for brands, in light of the fact that these works belong to the public domain, that they must not be allowed to be appropriated by any private individual. Curiously, this concept echoes the theory of *Freihaltebedürfnis* (limitations to granting of exclusive rights), which refers to the need to maintain certain words free for the use of all; this is one of the external limits to the ability of descriptive brand indicators to be registered. Therefore, just as in the universe of brand indicators, where we are witnessing a progressive narrowing of possibilities for registration of purely descriptive brand names, it would not astonish me if in the future only original melodies could be used as sound indicators for brands. And after all, the effect could be only positive, in view of the new opportunities that this would offer musicians.

After melodies, I'd say the parallelism continues with noises. We are surrounded by noises in our daily lives. Many of these have already entered so deeply into our most intimate awareness that we no longer even notice them, or better, we notice them only when for some reason they are absent. I think it's a common phenomenon. I lived many years in California, a few kilometers from I-280, a highway linking Silicon Valley with San Francisco. At certain hours during the day it was subject to ferocious traffic, which generated something of a deep, constant vibration, entirely in the background, almost imperceptible. One morning I rose early and noted something strange, but indefinable. I turned on the radio and heard in the traffic updates (absolutely indispensable for avoiding hour-long jams) that I-280 had been closed in both directions because of a huge accident. That's what was so strange, I said to myself! There wasn't any of that background rumble that had become so much a part of my sensory perceptions as to represent an indissoluble element of my daily life. Could this type of "noise" function as a brand indicator? I don't think so. The level of consciousness that it strikes makes it, in my opinion, completely incapable of providing an unambiguous association with a product or service, that is, of having a distinctive capacity. And similarly, I would even say in general, for all background noises, that they are incapable of playing such a role: those that surround us in our work environments (the clicking of the computer keyboard keys); those in our homes (from the startup of the refrigerator's cooling pumps to the washer's spin cycle on even to the stifled sound of the neighbor's television on too high, or the indistinct voices of an overheated conversation filtering through the walls).

There are, however, other noises that, even though frequent, do not make the grade of background sounds, simply because they tend to be unforeseeable, unexpected, or infrequent; and so they surprise us, and as soon as they occur we notice them: the slamming of a door, the rumble of a motorcycle's exhaust, the screeching brakes of a train, an ambulance siren. These sounds fail at the first requirement, that of the threshold of consciousness, but they all share the same problem, which makes them difficult for anyone to appropriate. Although they are all recognizable and reproducible, from the consumer's subjective point of view, their perception depends entirely on the circumstances of fact.

To paraphrase the famous definition of pornography used in 1964 by United States Supreme Court justice Potter Stewart: "I shall not today attempt further to define the kinds of material I understand to be embraced . . . [b]ut I know it when I see it." We all recognize the slamming of a door, but I'd wage dollars to doughnuts that a given door wouldn't slam twice in a row in the same way.

This elementary observation thus demonstrates the practical difficulty of claiming exclusive rights to a noise. But I do think this difficulty can be overcome, and a noise, like an arbitrary indicator for a brand, can function as a sound indicator for a brand, provided that the noise and the product being promoted do not have some obvious connection in fact. Harley Davidson attempted vainly to register the rumble of the engine exhaust for their motorcycles, and in the end, they had to give up, because even if they had succeeded in obtaining a trademark registration, they would never have obtained what they wanted, which was exclusive rights to the concept of the noise from an exhaust tube as related to their offering of motorcycles. Harley Davidson's goal was quite clear: to make it so that whenever a consumer heard the approaching of that popping noise, regardless of what engine it came from, he could expect nothing other than to see a Harley Davidson motorcycle driving up. But in this case, the principle of *Freihaltebedürfnis* kicked in, because the principle applied to the noise was no different from that applied for an entirely descriptive brand indicator.

But for cases where the noise is completely disconnected from the type of product being identified, I see no reason why a well-defined noise cannot function as a sound indicator for a brand, even in cases where it is objectively difficult to evaluate whether two sounds are actually similar and that it is, rather, the general impression that these give, or whether they belong to the same category, making them subject to confusion. As an example, Metro Goldwyn Mayer has successfully registered the roar of their lion as trademark for their entertainment services, and I believe they could well object to someone's use of another feline roar, even though in practice it would be possible to distinguish between the two sounds.

And now we arrive to the last category, that of tonal combinations. In this case, I think it is necessary to specify that this category is subject to certain quite precise constraints, both qualitative and quantitative.

In the first place, it must be, as for fantasy indicators for brands, a completely new, original combination, artificially created. In the second place, it must be short, from two to a maximum of five notes, meaning it cannot be a melody, not even the beginning of a melody, but at the same time, it must be a complete combination.

These characteristics clearly indicate that, just as for brand indicators that are purely fantasy, this type of sound indicator for brands is the most difficult to imagine, to make understood, to recognize, and to remember for consumers. And therefore, they are also the ones that will enjoy the greatest degree of protection. At the same time, the characteristics of originality and novelty make it so that the first four notes of a well-known symphony by Beethoven would not be admissible, and quite rightly so, in my opinion.

Among tonal indicators for brands, an illuminating example is the famous sound logo for Intel, composed of five notes (D, D, G, D, A) in sequence. Not only is it a new and original sound that was expressly created, but its story and its success illustrate perfectly what is required for a fantasy sound indicator to become and to function as a trademark. From the very beginning, for years and years, the Intel sound logo was (and still is) the subject of an intense and well-planned advertising campaign, not only their own, but also by co-marketing. The mechanism used is always the same: a few instants before the end of each ad, whatever the ad is for, the Intel logo appears and the combination (D, D, G, D, A) sounds.

It was probably with this technique, and by means of this obsessive repetition, that Intel succeeded in achieving the goal that Harley Davidson sought in vain, meaning that whenever the average consumer hears this combination, wherever it is, he will immediately connect it back to Intel.

To conclude this brief overview, I think we can recognize that sound signs are undeniably another new frontier in company communications. But they can, indeed, they must'be utilized to a greater degree, because in a market so crammed with traditional signs and messages, the addition of something new will be an advantage, by increasing visibility and, hence, the possibility of being distinguished. My preference (scarcely concealed) is for sound signs based on innovation, which translates into sound signs endowed with creativity, originality, fantasy, or for expressly created melodies, arbitrary sound signs, like noises or tonal combinations. This, in my opinion, will truly allow someone to say: "This sound is mine"

Work in Progress

www.triennaledesignmuseum.it/oggettisonori

This is the web site for this prelude-exhibition, open for contributions from everyone in the world who is working, with different approaches, on the theme of the sound of objects. The site is managed by NABA (New Academy of Fine Arts, Milan)

European Research Projects, Inventions, Sound Designers

We have collected a series of references here on some recent studies and realizations relating to sound objects. With no pretense of exhaustiveness regarding a theme that is continually being updated, they provide a trace of our reference

SOB

(Sounding Object)

(ref.) Davide Rocchesso, University of Verona; Physical, Mathematical, and Natural Sciences; Computer Department

Study of dynamic sound models for interactive systems, virtual spaces, and informative displays.

www.soundobject.org

CLOSED

(Closing the Loop of Sound Evaluation and Design) 2006-2009 (Sixth Framework Programme)

Patrick Susini, Project Coordinator

The purpose of the research is to define a functional and aesthetic measuring instrument for sound that can be utilized by designers. On the one hand, this tool will be linked to the physical attributes of daily objects, and on the other, it will relate to the user's emotional response.

http://closed.ircam.fr

TAI-CHI

(Tangible Acoustic Interfaces for Computer-Human Interaction)

Within the context of the project Europeo, a study of the technology allowing transformation of any type of object (from tables to walls, from windows to lamps, from television screens to mirrors) into a properly functioning, latest-generation mouse pad for giving commands to a computer.

http://www.taichi.cf.ac.uk

ISPG and Audio and Acoustics Laboratory, Politecnico di Milano

http://www-dsp.elet.polimi.it/ispg/index.php

Leeds University

Malcom Povey, Professor of the Physics of Food

Study of the physics of foodstuffs, including the relation between sound and foods, the tactile signals of consistency and crumbliness in the mouth, and the ultrasonic impulses that our ears analyze in just a few milliseconds.

http://reporter.leeds.ac.uk/press_releases/current/povey.htm

European Acoustics Association

Acusticum is the triennial European conference on acoustics in general organized by a national acoustical society on behalf of the European Acoustics Association (EAA).

http://fa2011.org

http://www.european-acoustics.org/products/forum-acusticum

ICAD

is a forum for presenting research on the use of sound to display data, monitor systems, and provide enhanced user interfaces for computers and virtual reality systems. It is unique in its singular focus on auditory displays and the array of perception, technology, and application areas that this encompasses.

http://www.icad.org.

IRCAM

Institut de Recherche et Coordination Acoustique/Musique

http://www.ircam.fr

Massimiliano Zampini, University of Trento and Charles Spence, Oxford University

Docent of General Psychology at the Department of Cognitive and Education Sciences at the University of Trento. Winner, along with Charles Spence of Oxford University, of the 2008 Ig Nobel Prize in the field of Nutrition, for having electronically modified potato chips to make them sound crunchier.

http://improbable.com/ig/winners#ig2008

Formasuono

Composer Francesco Rampichini is also essayist and journalist in the field of music. Docent at the Politecnico di Milano for the project FORMASUONO, he has contributed to the introduction of sound as project material in the graduate course of Design. Author of *Acusmetria. Il suono visibile* (*Acusmetria. The Visible Sound*; 2004), he created and theorized the concept of "Acusmetria", a code of the geometric proportions of auditory perceptions, and developed new syntactical forms for interconnected musical-pictorial compositions

http://cdbaby.com/cd/francescorampichini

Master Sound Design at Milan's NABA (New Academy of Fine Arts)

Research in the new requirements for sound project design in industrial applications and in the context of electronic communications: domotics, mobile technology, gaming, web applications, audio-tactile interactive systems, and audio comfort within architectural spaces. Raffaele De Tintis, expert in computer music technology, is coordinator of Master Sound Design with, among the other docents, Giovanni Cospito, docent of Electronic Music and Sound Technology at the Music Conservatory in Como, founder of the group Gruppo Sincretica for production of multimedia works.

http://www.master-naba.com/pdf/sound_web.pdf

The Singuhr Sound Gallery

The Singuhr Sound Gallery has been the main venue for sound art in Berlin for over ten years now. The gallery's programmatic spectrum stretches from sound objects and kinetic sculptures to pure sounding spaces, from audio-visual productions to physically tempered and artistically designed rooms

http://www.singuhr.de/page.php?ID=440&language=ENG

Tuned City. Sounds belong to the City

They determine spaces and identities. *Tuned City, Between Sound- and Space Speculation* searches for a new evaluation of architectural spaces from the perspective of acoustics.

http://www.tunedcity.de/?page_id=101

Bibliothèque Nationale de France, Paris, Archives Sonores

http://www.bnf.fr/pages/zNavigat/frame/collections.htm

La casa del suono, Parma

Born from the collaboration between the Casa della Musica and the University of Parma, with the ambition of promoting reflection on our modes of listening to and hearing music. Dedicated to all those today who listen to music and sounds transmitted from technological instruments.

http://www.lacasadellamusica.it/cdmsite/index.php?option=com_content&task=view&id=24&Itemid=50&lang=it

Sound Projects

Windows Noises Song

http://www.youtube.com/watch?v=VJlhKromtxE

Apple Soundtrack

http://www.youtube.com/watch?v=RAKXTvyYSfc

Music Done With Just Windows Noises

http://www.youtube.com/watch?v=tZwVmmBSNlo

Nokia e WeSC

Sound & colour coordinated collaboration between Nokia and WeSC. WeSC is a street fashion brand for intellectual slackers.

http://www.nokiawesc.com

Nintendo, Electroplankton

In *Electroplankton*, art and music collide to create a wildly fresh interactive audio experience. Players will encounter 10 unique species that respond to their touch and voice to create unforgettable sounds and melodies. Interacting with this wide and wild variety of Electroplankton is as simple as sliding the stylus across the touch screen. "Toy with Tracy plankton and listen to their music as they swim along drawn lines. Players clap their hands or use their voices to lead a microscopic synchronized swimming team of Nanocarp. There are 10 fascinating plankton to play with in all.

The latest work by world-renowned Japanese media artist Toshio Iwai, Electroplankton bursts to life exclusively on the Nintendo DS. A new interactive music and media experience awaits - watch it, touch it, listen to it...and feel it."

http://www.nintendo.com/games/detail/db2f8da6-2e1b-48cb-b142-a90899e8a1a8

Sound waves - effects of sound waves on material

http://www.youtube.com/watch?v=s9GBf8y0lY0

- besides these correlations, many others can be found -

Tetris (game) theme played on a Tesla Coil

The Tesla Coil is a type of resonant transformer circuit, considered among the most spectacular, invented by Nikola Tesla. The coil is capable of generating actual lightning bolts just like those of atmospheric origin, only the phenomenon is reduced in scale. Tesla experimented

with a wide variety of coils and configurations, using these to conduct innovative experiments on electrical lighting, fluorescence, X-rays, high-frequency alternating-current phenomena, electrotherapy, and wireless transmission of electrical signals and electric power.
http://www.youtube.com/watch?v=xYHPZgq_Kgo

Steampunk Sequencer

Steampunk is a subgenre of speculative fiction (or science fiction), usually set in the nineteenth century, and often set in the Victorian era London so dear to Sir Arthur Conan Doyle and H. G. Wells, viewed as an anachronistic world in which weapons and instrumentation are activated by the kinetic power of steam (hence the steam of Steampunk), rather than by electric energy, where the computers are entirely analog, and enormous magnets are capable of modifying the moon's orbit.
http://www.synthtopia.com/content/2008/11/20/bizarre-steam-punk-music-sequencer

Furby Gurdy

Furby Gurdy - a sequencer constituted of Furbies. Furbies are the small, robotic, beaked creatures covered with fur that invaded toy stores in the late 1990s. David Cranmer, an enthusiast of homemade musical instruments, decided to transmute the toys in question into a Furby Gurdy: an apparatus allowing one to "play" the Furbies.
http://www.youtube.com/watch?v=sVBfF_wppWs
http://www.nervoussquirrel.com

Experimenting circuit bending with tool-toys.

Circuit bending is the creative, short-circuiting of electronic devices such as low voltage, battery-powered guitar effects, children's toys small digital synthesizers to create new musical or visual instruments and sound generators. Emphasizing spontaneity and randomness, the techniques of circuit bending have been commonly associated with noise music, though many more conventional contemporary musicians and musical groups have been known to experiment with "bent" instruments. Circuit bending usually involves dismantling the machine and adding components such as switches and potentiometers that alter the circuit.

http://www.youtube.com/user/noystoise

The Rubens' tube

The Rubens' tube, also known as the Standing wave flame tube, or simply flame tube, is a physics experiment demonstrating a standing wave. It shows the relationship between sound waves and air pressure.

http://www.youtube.com/watch?v=HpovwbPGEoo

Onomatopee random

http://thesurrealist.co.uk/sound

Weird sound generator

http://www.musicfromouterspace.com/analogsynth/YOUR_FIRST_SYNTH/WSG_Reborn/WEIRDSOUNDGENERATORREBORN.php?page=WSG

Fire extinguisher

In 1857, Irish scientist John Tyndall recognized that sound waves could extinguish flames. Now, scientists hope that phenomena could lead to the development of new fire extinguishers that would be useful, say, in a spacecraft or terrestrially to avoid water damage from sprinklers. First though, they need to figure out why exactly sound can snuff fire. Most likely, the sound wave causes a drop in pressure that extinguishes the flame. From *Scientific American*: "In 2004 Dimitri Plaks and several of his fellow students at the University of West Georgia tested whether sound waves can douse fires in hopes of using sound to extinguish flames in a spacecraft. They placed a candle in a large topless chamber with three bass speakers attached to the walls. The candle was lit and the Canadian rock band Nickelback's *How you remind me* was pumped through the subwoofers. Within roughly 10 seconds, once the song hit a low note, the flame was out, accor-

ding to results published in 2005 in *The Journal of the Acoustical Society of America.*"
http://www.boingboing.net/2008/01/28/sound-waves-snuff-fi.html

Mark Applebaum's Sound-Sculptures

Mark Applebaum's Sound-Sculptures. Mark Applebaum is a musician and composer who teaches at Stanford University. He's built a variety of "sound-sculptures," electronic musical instruments built from found objects, which look bizarre and sound even more bizarre. The instruments consist of threaded rods, nails, wire strings stretched through a series of pulleys and turnbuckles, plastic combs, bronze braising rod blow-torched and twisted, doorstops, shoehorns, ratchets, steel wheels, springs, lead and PVC pipe, corrugated copper plumbing tube, Astroturf, parts from a Volvo gearbox, a metal Schwinn bicycle logo, and, indeed, mousetraps. "I play the sound-sculptures with my hands and with a number of different strikers and gadgets including Japanese chopsticks, knitting needles, combs, thimbles, plectrums, surgical tubing, a violin bow, and various wind-up toys, tops, etc. Located in the midst of the sculptures is a mixer and a small rack of electronic signal processors with their associated triggering pedals, mostly junky analog delays, early-era pitch transposers, unnatural reverbs, and the like. Signal-to-noise ratio has never been my greatest concern".
http://www.neatorama.com/2007/08/07/mark-applebaums-sound-sculptures
http://www.filmsound.org/terminology/designer.htm
http://www.soundobject.org/Presentation

Without records - Otomo Yoshihide - an installation

What happens when you take the records away from record players? You get "without records" an installation by experimental musicians Otomo Yoshihide and Yasutomo Aoyama that uses more than 100 record-free turntables to explore the sound of disappearing technology.
http://www.pinktentacle.com/2008/10/without-records-otomo-yoshihide
http://oddinstruments.com

Stomp

http://www.stomponline.com

Vegetable Orchestra

http://www.soundobject.org/Presentation

Bungt&Bangt

http://www.caponebungtbangt.com

Cookin

http://www.youtube.com/watch?v=0XQ-hFrhE_Q

Sheketak

http://www.youtube.com/watch?v=-VX1v0pj9v4

Tap Dogs

http://www.tapdogs.com.au

Playing the Building, Davyd Byrne

Playing the Building. A sound installation in which the infrastructure, the physical plant of the building, is converted into a giant musical instrument. Devices are attached to the building structure - to the metal beams and pillars, the heating pipes, the water pipes - and are used to make these things produce sound. The activations are of three types: wind, vibration, striking. The devices do not produce sound themselves, but they cause the building elements to vibrate, resonate and oscillate so that the building itself becomes a very large musical instrument.

http://www.davidbyrne.com/art/art_projects/playing_the_building

Nokia 8800

Composer and musician Ryuichi Sakamoto was responsible for composing the ringtones and information allerts for the telephone. In-

spired by modern lines and organic curves, Sakamoto produced a musical accomaniment for the Nokia 8800.
http://www.nokia.it/A4239062?newsid=-1621
http://europe.nokia.com/A4142064

Sound Design

Jim Reekes
http://www.reekes.net
http://www.whitwell.ndo.co.uk/musicthing/sounds/macstartup.mp3

Brian Eno
http://www.youtube.com/watch?v=845WuAl_Nus
http://www.43folders.com/2005/08/10/eno-on-the-microsoft-sound-heres-a-specific-problem-solve-it

Carsten Nicolai
www.alvanoto.com

Richard Beggs
http://us.imdb.com/name/nm0066740

Agence Laps
http://www.laps-design.com

Saxsofunny
A sound design company in Sao Paulo, Brazil, presents its creative edge in sound design with the phrase, *Toda imagem tem um som* (Every image has a sound). The Toda imagem campaign was developed at DM9DDB Brazil.
http://www.saxsofunny.com.br
http://www.youtube.com/watch?v=ePsC-HvvHxM&eurl=
http://feeds.blogo.it/designerblog/it&feature=player_embedded
http://www.dm9ddb.com.br

Carsten Stabenow

communication designer, works as independant curator and producer of events in the contexts of new media and sound art.

http://www.garage-g.de

Carsten Seiffarth

is musicologist, founder and artistic director of the Sound Art Gallery Singuhr - hoergalerie Berlin and one of the artistic directors of the Media Art laboratory TESLA Berlin.

http://www.singuhr.de

http://www.tesla-berlin.de

Derek Holzer (USA 1972)

is a sound artist. His work focuses on capturing and transforming small, unnoticed sounds from various natural and urban locations, networked collaboration strategies, experiments in improvisational sound, self-made electronics and on the use of free software such as Pure Data.

http://www.umatic.nl/info_derek.html

....
....
....
....
....
....
....
....
....
....
....
....
....

Biographies of the Authors

FABIO ANGELINI

Born in Rome, Angelini graduated from Sapienza University with a degree in Law. He works as an attorney in Italy and in the United States, having passed the Bar in New York. He began his professional career as head of the legal administrative office of the Ispettorato Centrale Antifrode (Central Anti-Fraud Inspectorate), simultaneously completing his master's degree in European Laws. He transferred to the United States, where he performed research work at the Boalt Hall School of Law at UC Berkeley and obtained his LLM degree (Master in Laws). He was a partner for some ten years in a studio specializing in intellectual property (IP), after which he returned to the United States to work as Senior Attorney in the Trademarks & Brands Group of a multinational company in Silicon Valley. Angelini currently works as consultant for the De Simone and Partners studio in Rome and collaborates as a special contributor in the first Italian IP blog, "Catch Us If You Can".

RICHARD BEGGS

A native San Franciscan, Beggs, a sound designer and mixer on more than 60 feature films since 1976, has worked with Francis Ford Coppola, Barry Levinson, Sophia Coppola, Alfonso Cuarón and other major directors. He won an Academy Award for sound for *Apocalypse Now* and a TEC Award for Outstanding Creative Achievement in Film Sound and has received five Golden Reel sound nominations. Beginning in 1988, in addition to his work on films, he created scores for three contemporary ballets, winning an Isadora Duncan Award for the ballet score of *The Awakening.* Trained as a painter, Beggs continues to paint and teaches Film Sound as an adjunct professor at the California College of the Arts. He is an associate fellow of Berkeley College at Yale University, and sits on the board of directors of the San Francisco Arts Education Project.

JENNY STEIN

She is an American-born industrial designer and design journalist. After receiving a BA with High Distinction in Industrial Design from the California College of Arts and Crafts (now the California College of the Arts) she worked as an industrial designer in the studios of That, San Francisco and Sottsass Associati, Milan. Based in Milan since 1993, she regularly contributes culture and design research to Future Concept Lab, Milan and Plan, London. In addition to being an Italian correspondent for *Surface Magazine*, she has written for *Frame, Interni* and *Newdesign* magazines. Prior to her design activities, she worked on various film and film sound editorial crews, notably: the *Apocalypse Now Documentary*, *Never Cry Wolf* and Mishima: *a Life in Four Chapters*.

MASSIMILIANO ZAMPINI

Docent of General Psychology at the Faculty of Cognitive Sciences at the University of Trento, Zampini performs research work at the Interdepartmental Center for Mind/Brain Sciences (CIMeC) at the same institute. He has worked at the Department of Experimental Psychology at the University of Oxford. His research interests primarily include the study of perception and understanding of the mechanisms fundamental to interaction among the senses. He has been particularly engaged in investigating the role of visual and auditory information in the perception of the flavour of food. He has also been conducting studies in auditory and tactile perceptions in the blind, as well as studies of multisensory perceptions of the body in persons with alimentary disturbances. Zampini has authored over thirty articles published in international magazines on experimental psychology and cognitive neurosciences.

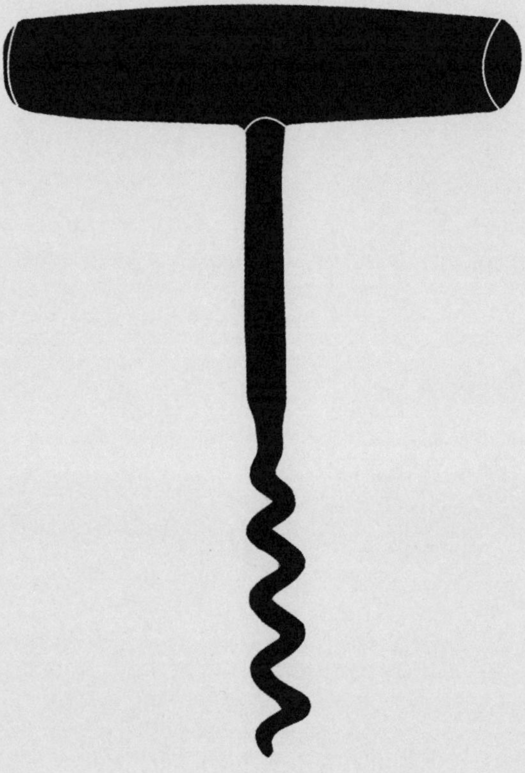

Coordinamento editoriale
Editorial Coordination
Crisitina Garbagna

Redazione
Editing
Carlamaria Colombo per il Faggio, Milano

Coordinamento grafico
Graphic Coordination
Angelo Galiotto

Progetto grafico e impaginazione
Layout and Paging
Marco Ferreri con Benedetta Medici

Coordinamento tecnico
Technical Coordination
Andrea Panozzo

Controllo qualità
Quality Control
Giancarlo Berti

Traduzioni
Translations
John Venerella

www.electaweb.com